KB053092

서로를 살리는

기후위기 교육

서로를 살리는 기후위기 교육

초판 1쇄 발행 2021년 10월 15일 개정판 1쇄 발행 2022년 5월 30일
글쓴이 이재영 외 펴낸이 현병호 편집 장희숙 펴낸곳 도서출판 민들레
출판등록 1998년 8월 28일 제10-1632호 주소 서울시 성북구 동소문로 47-15
전화 02) 322-1603 이메일 mindlebook@gmail.com 홈페이지 www.mindle.org
ISBN 979-11-91621-10-5 (03370)

민들레 선집 **9** _ 개정증보판

기후위기를 넘어 함께 살아가는 지구를 위해 ———

편집실 엮음

서로를 살리는
기후위기 교육

지구의 모든 생명을 위협하는 기후위기 시대를 살아가며
함께 바꾸어가야 할 일상의 변화, 교육의 변화에 대해 생각해본다.

민들레

아까운 마음, 아끼는 마음

낯선 바이러스가 세계를 점령한 지 1년 반이 되어갑니다. 인과를 고스란히 담아내는 자연의 섭리를 보면 오늘날 마주한 이 재난은 결국 우리의 선택이 아닌가 싶습니다. 1970년대 급속한 산업화가 이루어지면서 인류의 생태자원 소비는 자연의 재생 능력을 넘어섰습니다. 자연적인 복원능력을 잃은 지구 곳곳에선 가뭄과 홍수, 산불이 빈발합니다. 온난화로 얼어 있던 바이러스들이 깨어나고, 서식지를 잃은 야생동물들이 인간과 가까워지면서 인수공통 바이러스 감염의 위험이 높아지고 있습니다.

혹여 새로운 바이러스에 감염될까 사람들은 몸을 사리지만,

지구 입장에서 보면 인간이 가장 위험하고 거대한 바이러스겠지요. 기후위기는 인간 때문에 병을 얻은 지구의 신음소리이자 경고가 아닐까요. 현재 한국인의 소비를 감당하려면 남한 면적보다 8.4배 넓은 땅이 필요하다고 하지요. 국가 면적 대비 1인당 소비량 세계 1위, 이산화탄소 배출량 세계 9위인 한국은 온난화와 전염병 사태에 더 큰 책임이 있는 셈입니다. 우리에게 마지막 기회가 남아 있는지조차 모르지만, 더 늦기 전에 변화에 힘을 보태고자 곳곳에 흩어져 있던 기후위기 이야기를 책으로 엮어냅니다.

기후위기를 조금이라도 늦추기 위해선 국가정책과 교육제도, 자본의 작동방식이 바뀌어야 합니다. 사회구조를 바꾸는 건 결국 '다수의 개인'입니다. 큰 탐욕이라 생각지 않았을지라도 '조금 더 편하고 싶어서' 선택해온 소소한 삶의 방식이 이런 비극을 가속화한 면도 있겠지요. 지구 공동체의 일원으로서 문제해결에 함께하는 방식은 '조금의 편리함'을 포기하고 기꺼이 불편을 택하는 삶이 아닐까 싶습니다.

교육계에서도 기후위기 교육을 강조하고 있습니다. 2020년 7월, 전국의 시·도교육감이 모여 기후위기·환경재난 시대에 대응하는 교육을 강화할 것을 선언했습니다. 각 교육청 단위에서 탄소배출과 플라스틱 쓰레기를 줄이고, 급식에 채식 선택권을 부여하고, 적정기술을 익히는 등 기후위기에 대응하는 교육과정을 준비하고 있습니다.

그러나 한편 기성세대가 저질러놓은, 감당할 수 없는 문제를 미래세대에게 해결하라고 책임을 떠미는 것은 아닌지 미안한 마음이 들기도 합니다. 스스로 '멸종위기 세대'라 자조하며 기후위기 대응책을 요구하는 청소년들의 목소리를 들으면 더욱 부채감이 커집니다. 지구의 수많은 생명과 함께 살아가며 서로의 삶을 아까워하는 마음, 아끼는 마음으로 더 늦기 전에 다른 길을 만들어갈 수 있기를 간절히 바라봅니다.

* 2021년 10월에 초판을 발행한 후 몇 편의 글을 더해 개정증보판을 펴냅니다. 탈원전을 비롯한 에너지 정책에 대해 다른 관점으로 접근하는 글과 청소년기후행동 활동가들의 인터뷰, 학교의 기후위기 교육 흐름을 짚는 글이 보태어졌습니다. 기후위기를 주제로 고민과 실천을 나누는 데 좀 더 도움이 되었으면 합니다.

2022년 5월

장희숙 (『민들레』 편집장)

차례

엮은이의 말　아까운 마음, 아끼는 마음

1

기후위기	13	청년 농부가 체감하는 기후위기 | 서와
시대를	24	지구라는 큰 배를 함께 타고 | 정혜선
살아가며	34	기후위기, 멈출 수 있을까 | 박재용
	44	기후변화, 교육의 변화 | 이재영
	56	기후불평등과 기후정의 | 유민석
	64	기후위기를 이념으로 극복할 수 있을까 | 현병호

2

지속가능한   **79**   학교에서 시작하는 환경교육 | 신경준

삶을 위한   **88**   음식이 지구의 미래를 바꾼다 | 이의철

교육과 실천   **98**   생태적 도시 만들기 | 유희정

105   탄소중립을 꿈꾸는 동네 | 김소영

117   버리는 대신 살리는 삶 | 편집실

124   청소년이 정치를 해야 하는 이유 | 박소민

135   기후정치가 필요하다 | 청소년기후행동

145   학교 안의 기후위기 교육 다시 보기 | 윤상혁

1부
기후위기 시대를 살아가며

청년 농부가 체감하는 기후위기

기다리고 기다리던 비

다른 지역에는 비가 온다는데, 우리 마을은 여전히 마른하늘이다. 기다리는 비는 오지 않고, 이르게 찾아온 폭염에 작물도 농부도 진이 빠졌다. 작물이 시들어가는 모습을 가만히 보고만 있을 수 없어 저녁마다 물 조리개를 들고 물을 주기도 했다.

올봄 길었던 가뭄이 지나고 애타게 기다리던 비가 내린 날, "비 온다!" 하며 온 마당을 방방 뛰어다녔다. 밭에서 비를 맞고

서와 _ 청년 농부. 경남 합천 황매산 자락에서 농사를 지으며 땅이 들려주는 이야기로 글을 쓴다. 『생강밭에서 놀다가 해가 진다』, 『나를 찾는 여행 쯤 아는 10대』 같은 책을 썼다.

있을 고구마, 감자, 양파를 생각하니 흐린 하늘에 환한 마음이 떴다. 창문을 빠끔 열어놓고 빗소리를 듣고 있는데, 이웃 마을에서 농사짓는 봄날샘(서정홍 시인)에게 전화가 왔다. 전화를 받자마자 "봄날샘, 비가 와요!" 했다. "하하하. 그래. 이게 얼마 만에 오시는 비고. 나도 반가운 단비가 내려서 전화 걸어봤다. 이렇게 좋은 소식은 나눠야 하지 않겠나?"

스물한 살에 농사를 짓기 시작해 올해로 여덟 해째 농사를 짓고 있다. 농약과 비닐과 화학비료를 쓰지 않고, 자연을 덜 해치는 농사를 지으려고 애쓴다. 감자와 고구마, 생강과 고추, 참깨와 들깨, 양파와 마늘, 콩과 여러 작물들…. 식구들과 천 평이 조금 넘는 밭에 심은 작물은 열 손가락으로 다 꼽지 못할 만큼 다양하다. 농사를 짓는다고 하면 "어떤 작물 농사지으세요?" 하는 질문이 따라온다. 처음에는 '이걸 언제 다 말하지?' 생각했지만, 지금은 요령이 생겨 "시장에 보이는 농산물은 거의 다 심어요." 하고 답한다. 자연스러운 농사를 짓기 위해 한 가지 작물만 많이 심지 않는다. 다양한 생명이 한데 어울려 자랄 때, 가장 아름답고 건강하게 살아갈 수 있다는 걸 자연에게 배웠기 때문이다.

흘러간 시간만큼 몸에 힘도 생기고, 엉성하던 괭이질과 삽질도 꽤 늘었다. 그런데 시간이 흐를수록 날씨는 점점 더 알 수가 없다. 작물이 튼튼하게 뿌리를 뻗어야 할 봄에는 비가 오지 않고, 작물을 거두어야 하는 가을에 때아닌 장마가 찾아온다. 가을에 비가 많이 오면 수확이 어려울 뿐더러 땅속 작물들이 짓무르기도 한다. 해마다 갈피를 잡을 수 없는 날씨에 애태우며 하늘을 바라보는 날이 점점 늘어만 간다.

지금 내게 가장 간절한 것

24절기 가운데 '입하'가 지나면, 냉해 걱정 없이 모종을 밭에다 옮겨 심을 수 있다. 마을 어르신에게 "할머니, 고구마 언제 심어요?" 하고 물으면 "이제 입하 지났으니까는 뭐든지 다 심어도 괜찮타." 하신다. 비닐하우스에서 자라던 고추, 가지, 토마토, 옥수수, 호박, 고구마와 같은 모종을 거의 다 이맘때쯤 밭에 심는다.

그런데 올해는 상황이 달랐다. 입하가 지났다고 마음 놓고 심었던 작물들이 냉해를 입었다. 감자 싹이 노랗게 시들고, 옥수수와 가지, 토마토 잎의 끝부분이 까맣게 변해버렸다. 참깨는 몽땅 죽어 새로 심어야 했다. 참깨를 심기에 조금 늦은 때였지만 어쩔 수 없었다. 참깨는 해마다 싹 틔우기가 어려웠다. 제때 비가 오지 않기도 하고, 새들이 땅속 참깨를 쪼아 먹거나, 겨우 자란 싹을 고라니가 밟아버리기도 했다. 그래서 올해는 밭에 바로 심지 않고, 모종을 내어 옮겨 심었다. 손이 더 많이 가지만 그래도 비가 오는 때를 맞추어 심을 수 있고, 동물들로부터 깨를 지킬 수도 있다.

그런데 이번에는 냉해라니! 누렇게 말라버린 참깨를 보며 미안했다. 아무 잘못도 없이 기후위기를 감당해야 하는 생명이 너무 많다. 고맙게도 다시 심은 참깨는 무사히 자라고 있지만 늦게 심은 깨가 때맞춰 잘 영글지는 조금 더 지켜봐야 한다.

지난 5월, 짚으로 고구마밭 멀칭을 했다. 식구들과 밭에 쪼그리고 앉아 두둑에 짚을 덮고 있는데 지나는 사람마다 한마디씩 했다.

"아이고 세상에, 고구마를 이래 심는 건 처음 보네. 이 넓은 밭에 짚을 언제 다 깔라고?"

"그리 할 일이 없나. 고마 비닐 깔면 될 낀데…."

하지만 빨리 찾아온 폭염과 긴 가뭄을 겪으면서는 상황이 아주 달라졌다. "그래도 이 집 고구마는 거의 다 살았네. 짚을 덮어줘서 그런갑다. 날이 너무 뜨겁고 가물어가 우리 집 고구마는 비닐 밑에서 다 타 죽고 없다" 하셨다.

마을 어르신들은 "이래가 농사 짓겠나? 내 평생에 이런 날씨는 처음이다"라는 말씀을 부쩍 많이 하신다. 지난해 모가 말라 죽어 모심기를 다시 해야 했을 때도, 동네 어르신들은 "논이 말라가 모를 다시 심기는 내 평생에 처음이다" 하셨다. 올해도 그랬다. 보통 하지가 지나고 장마가 오기 때문에 하지 전에 감자를 캔다. 하지만 올해는 이른 장마로 하지가 지나고 나서야 부랴부랴 감자를 캘 수 있었다.

하지 전, 감자를 캐려고 하는 날에 비가 흠뻑 내렸다. 그렇게 비가 내리고 나면 땅이 마를 때까지 며칠을 기다려야 한다. 하지만 땅이 마를 새 없이 틈틈이 계속 가랑비가 왔다. 어쩔 수 없이 비가 그친 틈에 감자를 캤다. 냉해와 봄 가뭄, 이른 장마를 모두 겪어야 했던 감자다. 호미질 따라 동글동글한 감자들이 떼구루루 굴러나왔다. 고랑에 모여 있는 감자를 보기만 해도 기분이 좋았다. 이런 환경에서도 잘 자라준 감자가 그저 고마울 뿐이다.

코로나19로 마스크가 일상이 되고부터 비닐이 덮인 밭을 보면 더 숨이 막힌다. 마스크만 껴도 이렇게 힘든데, 비닐 덮인 땅에서 어떻게 건강한 생명이 살아갈 수 있을까? 고구마밭에 짚을 다 덮는 데 꼬박 하루 반나절이 걸렸다. 비닐만 덮어씌우면 나중에 짚이나 부엽토를 두둑에 덮지 않아도 되고, 땡볕 아래 쪼그려 앉아 몇 날 며칠 풀을 매지 않아도 된다. 하지만 나는 다른 선택을 할 수가 없다. 지구가 살 수 있게 작은 숨구멍 하나라도 만들어야 하기 때문이다.

나는 자연에서 흙을 만지면서 일할 때, 내가 살아 있는 존재라는 걸 느낀다. 나를 살아 있게 해주는 이 일을 계속하며 살고 싶다. 누군가에게는 이 말이 두리뭉실하게 들릴 수도 있다. 하지만 나에게는 삶의 방향을 정할 만큼 선명한 느낌이다. 농부는 작지만 아름다운 것들을 바라보고, 지켜가는 사람이라고 생각한다. 자연과 더불어 살다 보면 자연스레 아름다움이 무엇인지, 내가 잃지 말아야 할 것이 무엇인지 배우게 된다. 그렇게 자연의 흐름에 맞추어 살아가는 내 모습이 좋다.

그런데 내가 기대어 살아가고 싶었던 자연이 위태롭다. "이래가 농사 짓것나?" 하는 이 지구에서 나는 언제까지 농부로 살아갈 수 있을까? 내가 바라는 삶을 계속 이어갈 수 있을까? 기후위기 시대를 사는 우리에게 가장 절박한 것은 '지속 가능한 삶'이 아닐까? 지금 나의 가장 간절한 소망은 다음 해에도 씨앗을 뿌릴 수 있는 것이다.

기후위기 이야기를 나누는 인문학교

우리 마을에서는 매월 셋째 주 토요일마다 '담쟁이 인문학교'가 열린다. 담쟁이 인문학교는 10대부터 60대까지 여러 세대가 함께 어울리는 배움터다. 삶에 대한 질문을 함께 던지고, 각 세대가 가지는 생각을 한자리에서 나누는 곳이다. 작은 음악회를 열거나 밤에 숲 산책을 하기도 하고, 함께 생각해보아야 하는 주제로 강사를 초대해 이야기를 듣기도 한다. 다양한 세대의 소리를 한자리에서 들어볼 수 있어 더 흥미롭다.

지난 여섯 해 동안 한 번도 빠지는 달 없었던 인문학교가 코로나19로 몇 달 동안 열리지 못했다. 그러다 지난 5월, 국내 확진자 수가 줄어들고, '생활 속 거리 두기'로 바뀌면서 조심스럽게 인문학교를 다시 열었다. 내가 강사가 되어 '기후위기'에 대한 이야기를 나누기로 했다. 코로나19는 기후위기와 깊이 연결된 문제라, 인문학교를 다시 여는 주제로 알맞다는 생각이 들었다.

나는 기후에 대해 깊은 지식을 가진 과학자도 아니고, 환경운 동을 해온 활동가도 아니다. 하지만 농사를 지으며 누구보다 '기 후위기'의 심각함을 몸으로 느끼고 있다. 기후위기는 과학자나 환경운동가만의 문제가 아니다. 청소년들이 거리에 나선 것도, 나와 사랑하는 사람들의 삶이 걸려 있다는 절박함 때문이었을 것 이다. 그래서 나도 작은 힘을 보태는 마음으로 농사지으며 겪고 느끼는 이야기를 나누어야겠다는 생각이 들었다. 누구라도 먼저 이야기를 꺼내야 하니까 말이다. 기후위기에 대한 이야기를 조금 더 많이, 솔직하게, 적극적으로 나눌 필요가 있는 까닭은 우리에 게 시간이 얼마 남지 않았기 때문이다.

강의 준비를 하면서 '어떻게 이야기를 풀어갈 수 있을까? 내가 꼭 전하고 싶은 말이 뭘까?' 생각했다. 감자를 솎으면서도, 고구 마를 심으면서도, 부엽토를 긁으면서도, 짚을 덮으면서도 그 생 각뿐이었다. 일을 마치고 밭에서 돌아오면 책상 앞에 앉아 자료 를 찾고, 책을 읽고, 기후위기와 관련된 영상을 보았다. 유튜브에 서 조천호 박사님의 기후위기 강의를 찾아 듣기도 하고, 『1.5 그 레타 툰베리와 함께』라는 책을 읽기도 했다. 바쁜 농사철이었지 만 틈틈이 시간을 내어 강의 원고를 썼다. 말솜씨가 없다 보니 원 고를 읽고 또 읽으며 연습했다.

셋째 주 토요일 저녁 7시, 오랜만에 인문학교가 열렸다. 체온을 재고, 참석자 이름을 쓰고, 손 소독을 하고, 마스크를 끼고, 서로 거리를 두고 앉았다. 몇 달 만에 만난 사람들에게 반가움을 충분히 표현하지도 못했다. 기후위기 이야기를 하기 위해 앞에 섰는데, 마스크를 낀 채 나를 바라보고 있는 사람들 모습이 너무 낯설었다. '어쩌다 이렇게 됐을까?' 마음이 무겁고 먹먹했다.

지금처럼 살아간다면 남아 있는 탄소 예산은 8년이면 사라진다. 지구 평균 온도는 이미 산업화 이전보다 1도가 올라갔고 1.5도를 넘어서면 지구의 자연은 다시 회복할 수 없는 상태가 된다. 안타깝게도 우리나라는 '세계 4대 기후 악당 국가'이고, 이런 상황에도 석탄발전소 건설과 제주 제2공항 건설 등을 허가한 기후위기 가해국이다. 현재 지구가 처해 있는 상황들을 정확하게 전하는 것도 중요한 일이지만, 나는 어떤 정보보다 기후위기는 '누구도 피할 수 없는 우리 이야기'라는 말을 하고 싶었다. 기후위기 대응이 우리에게 얼마나 절박한 문제인지를 전하려면, 여러 말보다 청소년들이 어떤 마음으로 거리에 나서고 있는지를 보여드리는 것이 더 좋겠다는 생각이 들었다.

그래서 강의 끝에 〈다큐프라임〉 '시민의 탄생 2부, 이런다고 바뀔까요?'를 함께 보았다. 청소년들이 정부에 기후위기 대응을 요구하며 기후위기비상행동을 일구어가는 과정을 담은 다큐멘터리인데, 찾아본 여러 자료 가운데 가장 기억에 남았기 때문이다. 청소년기후소송단은 "기후위기 대응을 통해 생존권을 보장하라는 것은 나이와 상관없이 누구나 할 수 있는 기본적인 요구이다. 이 사회에 의미 있는 변화가 생길 때까지, 우리는 계속 행동할 작정이다"라고 했다. 다큐멘터리를 보며 나는 농부로서 내 자리에서 어떤 소리를 낼 수 있을지 조금 더 깊이 고민하게 되었다.

긴 영상이었지만 모두 기꺼이 시간을 내어주셨다. 영상을 보고 나서 어른들은 너무 미안해서 아이들 눈을 어떻게 바라보아야 할지 모르겠다며, 각자 자리에서 할 수 있는 일을 찾아보겠다고 하셨다. 기후위기는 한 번의 안타까움으로 그칠 문제가 아니다. 이번 강의가 기후위기 대응을 함께 요구하기 위한 첫 걸음이 될 수 있기를 바랐다.

작은 시골장터에서 부르는 노래

담쟁이 인문학교를 마치고 누군가 물었다. "그럼 내가 할 수 있는 일은 무엇이 있을까요?" 가장 먼저, 개인이 할 수 있는 노력이 있다. 육식을 줄이고, 플라스틱이나 일회용품처럼 쓰고 버려질 물건을 선택하지 않고, 에코백과 텀블러를 들고 다니고, 주위에 기후위기를 알리는 일들 말이다. 한 사람, 한 사람의 힘과 마음을 모으는 일이 얼마나 중요한지 모른다. 하지만 안타깝게도 이것만으로는 지금 우리에게 닥친 기후위기를 막아낼 수 없다. 이제는 그다음 걸음이 필요한 때다.

기후위기 비상행동이 세계 곳곳에서 일어나고 있다. 주로 큰 도시를 중심으로 이루어진다. 하지만 농어촌 역시 그 어느 곳보다 가장 먼저 그리고 가깝게 기후위기의 영향을 받는다. 우리에게 기후위기는 생계와 생존으로 바로 이어진다. 산골 마을 곳곳에서도 기후위기 비상행동을 해야 하지 않을까?

나도 한 번의 강의에 그치지 않고, 내가 할 수 있는 일을 하기로 했다. 고민 끝에 둘째, 넷째 주 일요일마다 열리는 경남 산청의 목화장터에서 기후행동 콘서트를 열기로 했다. 기후행동 콘서트를 준비하면서 장터에 오시는 분들에게 손피켓을 함께 만들어 달라고 부탁드렸더니, 우리가 도착하기도 전에 장터가 열리는 공원 정자에 손피켓을 나란히 걸어 두셨다. "기후위기, 지금! 우리가 하면 바꿀 수 있습니다." "더 늦기 전에 온실가스 배출 제로!" "기후위기, 모두의 문제!" 다양한 피켓을 보며 함께 마음을 모으는 사람들이 있다는 것에 위로를 받았다. "지구에서 계속 농사짓고 싶어요." "평화로운 지구를 노래해요." 우리가 준비해간 손피켓도 나란히 걸었다.

동생 수연이와 나는 산골 마을에서 살아가는 우리 이야기를 담아 노래를 지어 부른다. 기후행동 콘서트에서 노래와 노래 사이, 농사지으며 겪고 느끼는 기후위기에 대한 이야기를 나누었다. 장터에서 물건을 사고파는 가운데 고개를 끄덕이며 귀 기울여주시는 분들이 있었다. 우리와 눈 맞추며 공감해주시는 분들이 있어 힘이 되었다. 농사짓는 청년들이 땅과 자연을 바라보는 시선과 마음이 진하게 느껴졌다고, 나도 내 자리에서 어떤 책임을 져야 할지 고민하겠다는 분도 계셨다.

산골 마을에서 열리는 이 작은 콘서트가 기후위기를 해결하는데 무슨 도움이 될까 싶기도 하지만 지키고 싶은 것을 지키기 위해 무엇이라도 해야 했다. 내가 지키고 싶은 건 대단한 것이 아니다. 마스크를 쓰지 않고 이웃을 만날 수 있는 세상, 다음 해에도 씨앗을 뿌릴 수 있는 지구, 친구와 따뜻한 차 한잔을 나눌 수 있는 평범한 하루이다. 일상을 지키는 이 작은 소리가 큰 변화를 일으킬 수 있는 기업과 정부에 닿을 때까지 내 자리에서 목소리를 내고 싶다. 꾸준하게 끊임없이.

자연은 누가 가르쳐주지 않아도, 어디로 어떻게 흘러가야 하는지 알고 있다. 그런 자연이 언제까지나 제 흐름을 잃지 않고 흘러가기를 기도한다. 나도 그 흐름을 타고 내가 가야 할 길을 찾아 살아가고 싶다. 그 길을 잃지 않기 위해 나는 오늘도 호미를 들고 집을 나선다. 고랑에 쪼그리고 앉아 풀을 매는데 머리 위로 흘러가는 하얀 구름이 말을 건넨다. 아직 너무 늦은 건 아니라고.

(vol. 130, 2020. 7-8)

지구라는 큰 배를 함께 타고

_ 교사, 시민, 기후활동가로 살아가기

토트네스에서 만난 사람

"그가 강물을 바라보고 앉아 있습니다. 저는 사진을 찍지 않았습니다. 왜냐하면 그 순간이 가슴속에 새겨질 거라는 걸 알았기 때문입니다. 우리는 그와 함께 다트무어국립공원에 왔습니다. 전환마을이 시작된 곳, 영국 토트네스Totnes에 다녀온 사람이라면 한 번쯤 그를 만나보았을 확률이 큽니다. 그의 이름은 할Hal이고, 방문객들에게 전환마을 토트네스를 알리는 일을 합니다. 방문 마지막 날인 오늘

정혜선 _ 실상사작은학교 영어교사로 일했고 2016년 덴마크 세계시민학교에서 기후위기를 접했다. 기후위기, 세계시민교육, 퍼머컬처 등을 주제로 사람들을 만나고 있는 프리랜서 활동가이다. 『1.5 그레타 툰베리와 함께』의 공저자로 참여했다.

그가 우리를 데려간 곳은 토트네스 북쪽으로 차를 타고 30분쯤 가면 나오는 다트무어국립공원입니다. 다트무어는 바람이 거센 고원의 황야지대였습니다. 우리는 드넓은 고원을 반나절 동안 걸었습니다. 탐방이 끝날 때쯤 그는 태곳적 느낌이 드는 숲길로 안내했습니다. 마치 수천 년 동안 그 자리에 있었을 것만 같은 초록 이끼가 낀 떡갈나무 숲이었습니다. 내리막길이 끝나는 곳에는, 며칠 전 내린 비로 불어난 강물이 콸콸콸 흘러내리고 있었습니다. 물빛이 갈색인 이 강의 이름은 다트Dart, 이 지방의 옛말로 '떡갈나무가 자라는 강'이라는 뜻이라고 합니다. 강물이 힘차게 흐르는 소리에 우리의 말소리가 묻힙니다. 토트네스에서 나고 자란 우리의 안내자 할은 바위 위에 한참을 쪼그리고 앉아 강물을 바라봅니다. 우리도 침묵 속에서 강물을 바라봅니다." _ 2019년 10월 9일, 토트네스에서

할이 고향 토트네스로 돌아온 건 13년 전쯤이라고 합니다. 그의 이전 직업은 아마존처럼 원시의 자연이 살아 있는 곳을 탐험할 수 있도록 안내하는 가이드이자 트레이너였습니다. 남아메리카에서 수년을 보낸 그는 귀국길에 오르기 전 멕시코 사파티스타 민족해방군의 근거지였던 치아파스주를 방문하게 됩니다. 그곳에서 인생을 바꾼 한 편의 영화를 보게 되었다고 합니다. 기후위기를 다룬 앨 고어의 다큐멘터리 〈불편한 진실〉이었습니다. 영화를 본 후 그는 고향으로 돌아갈 결심을 합니다. 고향으로 돌아

간다는 것은, 모험을 좋아하는 사람이 마지막으로 택하는 길입니다. '언젠가는 고향으로 돌아가야지' 하는 생각을 늘 마음속에 품고 있었던 그는 기후위기를 알게 된 후, 그렇다면 그 '언젠가'는 지금이라고 생각했습니다.

그는 운이 좋았습니다. 돌아온 고향에는 기후위기와 오일피크 시대를 대비해 마을공동체 내부의 힘을 기르기 위한 전환마을 운동이 시작되고 있었습니다. 새로운 세상을 만들고자 하는 청년들의 실험을 적극적으로 품어 안는 다팅턴재단과 생태교육의 산실 슈마허칼리지라는 지적 유산을 보유하고 있는 토트네스에는 지혜로운 사람들이 많았습니다. 기후위기를 알고 고향으로 돌아온 그는 한동안, 우리 모두가 그러하듯 사람들을 찾아다니며 같은 질문을 반복했다고 합니다. 도대체 어떻게 살아가야 하냐고요. 그 무렵 그에게 첫째 아이가 생겼다고 했습니다. 그는 묻고 또 물었습니다. 이 시대에 아이를 낳아서 어떻게 키워야 하냐고요. 함께 토트네스를 방문한 한국 사람들에게 그의 이야기를 통역하며 저는 자꾸만 울먹였습니다.

시간이 조금씩 흐르면서, 그는 전환마을을 배우기 위해 토트네스를 찾는 수많은 사람들을 만나게 됩니다. 어느 날 그는 이런 생각이 들었습니다. '나와 함께 아마존 숲속을 탐험했던 사람들이 인생이 바뀌는 순간을 경험했던 것처럼, 내가 태어난 이곳 토트네스와 맞닿은 다트무어 숲속에서도 우리는 그런 순간을 만날

수 있지 않을까?'

토트네스를 떠나기 전, 우리는 그에게 말해주었습니다. "다트무어 숲속에서 내가 누군지 알게 된 것 같아요. 우리가 어디로 가야 하는지도요."

기후활동가라는 이름으로 사람들을 만나며

2020년 2월 코로나로 일상이 멈추기 전까지 저는 전국을 돌아다니며 기후위기에 대한 강연을 했습니다. 시작은 실상사작은학교에서 세계시민교육의 일환으로 학생들에게 기후위기를 알리면서부터였습니다. 수업을 진행하면서 학생들이 저의 백 마디 말보다 그레타 툰베리의 연설에 더 큰 감명을 받는다는 것을 알게된 뒤, 그레타의 연설을 번역해서 SNS에 올리기 시작했습니다. 이를 계기로 강연까지 다니게 되었습니다. 그러다 보니 언젠가부터 기후활동가라는 이름으로 불리게 되었습니다.

대안학교 교사를 그만둔 후 프리랜서 강사로 밥벌이하며 살아가고 있던 저는 평일에는 정기적으로 학교에서 수업을 하고, 주말이면 기차와 버스를 타고 전국을 다니며 기후위기를 알리는 일을 했습니다. 지난 일 년간 수많은 분을 만났습니다. 대안학교 학생들, 일반학교 학생들, 학부모님, 선생님, 마을 주민, 청년 활동가, 기후활동가를 준비하고 계신 분들도 만났습니다. 살아가다

보면, 강연을 통해서 만난 분들의 표정이 문득문득 떠오릅니다. 가끔 그분들의 안부가 궁금해지곤 합니다. 정말로 중요한 일이라서 학생들이 꼭 집중해서 듣기를 바라며 애쓰시던 그 선생님은 잘 계실까? 열심히 듣다 울먹이며 질문을 하던 그 학생은 어떻게 지내고 있을까? 한없이 복잡하고 어두운 표정으로 강연장을 떠나시던 분들의 얼굴도 생생하게 떠오릅니다. 그럴 때면 저 자신에게 질문을 하곤 합니다. 그렇게밖에 할 수 없었을까? 좀 더 부드럽게, 친절하게, 따뜻하고 희망적인 이야기를 전할 수는 없었을까. 지금까지 잘 살아오셨다고, 힘이 되는 이야기를 해드릴 수는 없었을까.

기후 강의를 하게 된 저는 가슴 아픈 이야기를 전하러 다니는 사람이었습니다. 파리협정, 탄소예산, IPCC[1] 보고서, 이미 활성화되기 시작한 아홉 개의 티핑 포인트[2], 1.5도 상승까지 남은 시간 약 6년, 아무런 성과 없이 끝난 세계정상들의 기후회의, 멸종저항운동과 청소년들의 결석 시위, 이런 내용을 발표 자료로 만들고 또 만들고, 말하고 또 말했습니다. 그러는 사이에도 기후위기에 관한 새로운 소식은 국내외에서 끊임없이 쏟아져 나왔습니다. 어떠한 방법을 쓰더라도 2050년이면 북극의 얼음이 완전히 녹는다

---

1 Intergovernmental Panel on Climate Change(UN), 기후변화에 관한 정부 간 협의체.
2 어떤 현상이 서서히 진행되다가 갑자기 폭발하는 지점.

든지, 영구동토층이 녹으면서 이산화탄소보다 4배 더 열을 저장할 수 있는 메탄이 공기 중에 방출되기 시작했다든지, 이미 돌이킬 수 없는 선을 넘어버린 기후변화로 인해 이제 우리 생애 내에 사회적 붕괴가 불가피할지도 모른다는 이야기까지 들렸습니다. 어느 날은 제 강의를 들은 분이 이렇게 물어보셨습니다.

"희망을 주기 위해서, 이미 늦었다는 말을 일부러 안 쓰시는 거죠?"

저는 이분께 들려드릴 제 마음에 드는 대답을 찾지 못했습니다. 지금도 마찬가지입니다. 더러는 강연을 다니던 버스 안에서 혼자 눈물을 흘렸습니다. 어떤 날은 강연을 요청하는 고등학교 선생님과 통화를 하다, 못하겠다고 펑펑 울어버린 적도 있습니다. 그때 그 선생님이 말씀하셨습니다. 제가 울어주어서 고맙다고요. 두려움을 숨기지 않고 드러내주어 고맙다고요. 그때 저는 안전한 땅에 발을 디딘 듯한 느낌이 들었습니다.

코로나19로 일상이 멈춰버린 지금, 바이러스로 인해 이산화탄소 배출이 줄었다지만 세계의 숲은 여전히 불타고 있습니다. 히로시마에 떨어졌던 원자폭탄 6개와 맞먹는 양의 열이 매초 바닷속에서 들끓고 있습니다. 남북극의 얼음이 놀라운 속도로 녹으면서 해수면이 상승하고 있습니다. 하지만 전 세계 청소년들이 외치는 기후행동 구호(Sea levels are rising and so are we!)처럼 올라오는 것은 비닷물만이 아닙니다. 수많은 사람이 변화를 외치며 일어나고 있습니다. 깨어나고 있습니다. 저는 기후활동가라는 이름으로 살며 많은 아름다운 사람들을 만났습니다. 평범한 시민으로 살아온 제가, 평생 만나온 사람들보다 훨씬 많은 수의 선한 의지를 가진 사람들을 만났습니다. 이 또한 세계의 분명한 모습입니다.

"어떻게 싸워야 할지 알 것 같아요. 해볼 수 있을 것 같아요. 해보고 싶어요."

2020년 가을, 부산에서 열렸던 환경교육한마당에서 다른 나라 청소년들의 결석 시위와 영국의 멸종저항 시위대 이야기를 전했을 때, 한국 청소년들이 들려준 말입니다. 이 이야기를 듣고 어른들은 눈물을 흘렸습니다. 상황이 이렇게까지나 되었는데 그래도 무언가를 해보겠다고 용기를 내는 청소년들을 보니 자꾸만 눈물이 난다고 말씀해주시는 분도 계셨습니다.

한번은 장학사님들과 교감 선생님들이 모인 자리에서 강의를 해야 했던 적도 있습니다. 솔직히 말하면 그런 자리에서 기후행동 이야기를 한다는 게 많이 부담스러웠습니다. 제가 강연에서 주로 다룬 내용은, 우리의 상상을 훌쩍 넘어서는 지금 상황의 심각성과 기후위기에 대한 긴급한 대응을 요구하며 수업을 거부하고 거리로 나온 학생들의 시위, 그리고 남녀노소 수천 명의 사람이 구속되었던 영국 멸종저항운동 이야기였습니다. 그런데 넥타이를 매고 단정히 앉아서 이야기를 들어주신 머리가 희끗희끗한 선생님들이 제가 떠날 때 이렇게 말씀해주셨습니다. "다음에 또

오세요."

  돌아오는 버스 안에서 생각하고 또 생각했습니다. 어떻게 그분들에게 기후행동 이야기가 통했을까. 그때 문득 한순간이 스쳐지나갔습니다. 강의 도중 저는 한 청소년에게서 들은 이야기를 전했습니다. "기후위기의 심각성을 알리는 그레타 툰베리의 연설을 처음 들었을 때 큰 충격을 받았어요. 80년대에 광주의 진실을 알리는 영상을 몰래 보았던 대학생들이 이런 기분이었을까 싶었어요."

  저는 그 순간, 마음속에 등불이 켜진 듯 눈을 빛내시던 선생님들의 모습을 기억합니다. 기후위기를 인식하고 행동하는 것은 새로운 세대의 시대정신이며, 우리 모두는 이에 공감할 수 있는 마음의 밭을 가지고 있습니다.

지구라는 큰 배를 함께 타고

  '1.5도 상승을 막을 수 있는 시간이 이제 몇 년밖에 남지 않았으니, 지금 당장 행동하여 우리의 일상을 지켜내자'라는 표현을 저는 좋아하지 않습니다. 누구의 입장에서 6년, 7년이고 누구의 입장에서 1.5도입니까. 이미 1.2도가 상승한 지구에서 기후위기로 인해 굶주리는 인구가 8억 명이 넘습니다. 이미 집을 잃고 난민이 된 사람들이 있습니다. 부유한 나라들이 그토록 두려워하는

'기후위기로 인한 사회적 붕괴'가 시리아와 같은 나라에서는 현재 진행형입니다. 지구 평균기온 상승을 2도 아래로, 더 나아가 1.5도 아래로 억제할 것을 전 세계가 만장일치로 결의했던 2015년 파리협정에서, 이미 고통을 겪고 있었던 가난한 나라들은 1도 상승에서 멈춰야 한다고 주장하기도 했습니다. 하지만 그 이야기는 받아들여지지 않았습니다. 당시는 그 누구도 지금까지의 삶의 방식을 당장 멈출 수 있다는 걸 상상하지 못했습니다. 코로나19가 세상을 멈추기 전까지는요.

코로나 팬데믹을 겪으며, 이제 우리는 새로운 사실을 알게 되었습니다. 모두가 위험을 인지하면 멈출 수 있다는 것. 인간에게는 그럴 능력이 있다는 것. 위기는 가장 취약한 사람들을 전면에 드러낸다는 것도 알았습니다. 우리 앞에 놓인 과제는 그 어느 때보다 뚜렷해졌습니다. 국가와 지역 공동체가 약한 사람들을 어떻게 끌어안는가가 우리의 진짜 힘을 보여줄 겁니다.

토트네스에서 할의 이야기를 듣고 한국에 돌아온 후, 저는 그제야 〈불편한 진실〉이라는 영화를 보았습니다. 미국 대통령 선거에 낙선한 앨 고어는 천 번이 넘는 강연을 다니며 기후위기를 알립니다. 이 영화가 개봉한 것은 지금으로부터 무려 15년 전인 2006년입니다. 영화를 보고 나서 저는 가슴을 치고 싶은 심정이 되었습니다. 왜 나는 이 영화를 이제야 본 것일까. 그러다가 알게 되었습니다. 그가 오래전부터 천 번이 넘는 강연을 다녔기 때문에, 제가 지금이라도 기후위기를 알게 된 것이라고요. 당장 눈에 보이지 않을지라도 우리가 해온 작은 일들은 사라지지 않을 겁니다.

지금은 우리가 알게 된, 멈출 수 있는 능력을 발판 삼아 큰일을 해야 할 시간입니다. 지금껏 배워온 사랑하는 모든 방법, 모든 지혜를 꺼내 써야 합니다. 우리는 모두 함께 지구라는 큰 배에 타고 이 위기를 통과합니다. 우리가 도착할 땅이 어디일지는 아무도 모릅니다. 모두가 그곳에 도착할 수 있을지도 알 수 없습니다. 다만 함께 폭풍우를 맞고, 음식을 나눠 먹고, 아픈 나와 타인을 돌보고, 바람이 잔잔해지면 물결을 바라보고, 사랑하는 사람의 노랫소리를 들으며 항해를 계속합니다. 이 모든 순간순간이 우리를 살아 있게 할 것입니다.

(vol. 129, 2020. 5-6)

기후위기, 멈출 수 있을까

0.5도 남은 임계점

'지구온난화' 대신 '기후위기'라는 단어를 쓰게 된 까닭은 명확하다. 더 이상 미룰 수 없는 위기 상황에 도달했기 때문이다. 지난 200여 년 동안 지구의 평균 기온이 1도 정도 올라갔다. 과학자들은 평균 기온이 0.5도만 더 올라도 인간의 손을 떠나 지구 스스로가 생태계와 인간에게 파멸적 결과를 안길 수도 있다고 말한다. 먼저 툰드라가 녹고, 툰드라에 묻혀 있던 탄화수소들이 대량으로 대기에 방출될 것이다. 툰드라는 일 년 중 대부분 얼어 있는

박재용 _ 작가이자 과학커뮤니케이터. 과학 그리고 과학을 만들어낸 역사, 사회에 대해 글 쓰고 강연을 한다. 쓴 책으로『멸종, 경계, 짝짓기』『과학이라는 헛소리』『1.5도 생존을 위한 멈춤』등이 있다.

지역인데, 이곳이 녹으면 그 아래 수백 미터 두께로 쟁여져 있던 탄화수소들이 이산화탄소와 메탄의 형태로 대기 중에 빠져나오게 된다.

지금껏 우리가 배출한 이산화탄소의 상당량을 바다가 흡수했는데 그 한계에 다다르고 있다는 징후가 나타나고 있다. 북극 부근에 사는 게들의 껍질이 녹고 있는 것이다. 바닷물에 적당히 녹아 있는 이산화탄소와 칼슘이 결합하여 만들어지는 탄산칼슘은 게나 새우의 껍데기를 구성하는 주요 요소다. 그러나 이산화탄소의 농도가 높아지면 탄산칼슘은 탄산수소칼슘으로 변해 물에 녹는다. 게 껍데기가 녹는다는 건 바다 속 이산화탄소 농도가 꽤나 높아졌다는 뜻이다. 바다가 더 이상의 이산화탄소를 받아들일 수 없는 포화 상태가 되면, 대기 중 이산화탄소 농도는 급격히 올라간다. 지구도 지금보다 더 빠르게 뜨거워질 것이다.

마침내 북극과 남극 그리고 그린란드의 얼음이 녹는 사태가 일어나면 해수면이 높아지면서 해안가의 주거지는 대부분 침수 사태를 겪게 되고, 섬들은 잠긴다. 해수면이 올라가면 강의 하류도 범람한다. 지금 인류의 거주지는 절반 이상이 해안가에 위치하고 있다. 물론 해수면이 올라가는 현상은 몇 십 년에 걸쳐 진행될 테니 어떻게든 대책을 세울 수도 있지만, 가난한 나라는 그런 대책을 세울 예산조차 부족하다. 이 사태는 이 정도로 끝나지 않을 가능성이 더 크다.

지구의 바다는 모두 하나의 거대한 순환으로 연결되어 있다. 바닷물이 대서양 쪽 북극에서 대서양 바닥을 타고 남극으로 갔다가 다시 인도양과 태평양을 돌아 적도까지 오는 이 현상을 '열염순환'이라고 한다. 지금의 기후는 이 거대한 순환에 기대어 있는 측면이 아주 크다. 북반구의 겨울, 북극의 바다가 얼면서 남은 바닷물은 소금기가 진해지고 무거워져 아래로 가라앉는다. 이 침강이 대순환의 시작이다. 온난화로 인해 북극의 얼음이 더 이상 얼지 않으면 이 순환이 멈춘다. 멕시코 만류가 머나먼 유럽의 서해안을 타고 북해까지 갈 동력이 사라지는 것이다. 스칸디나비아반도, 독일, 영국 등이 높은 위도에도 따뜻할 수 있었던 이유도 사라진다. 마치 추운 겨울 이불 속에 넣을 따뜻한 탕파가 사라진 꼴이다. 이 순환에 기대고 있던 기후도 불규칙하게 변한다. 40도가 넘는 폭염, 영하 30도 이하의 혹한, 지독한 장마, 끔찍한 가뭄 등이 시도 때도 없이 지구촌 전역에서 수시로 일어나게 되고, 태풍도 그 진로와 규모가 들쭉날쭉해진다.

근본적인 해결은 탈성장이다

2018년 IPCC 보고서에 따르면 앞으로의 상승 여력은 앞서 말했던 것처럼 0.5도다. 결국 1.5도는 일종의 임계점이다. 이 임계점을 넘지 않으려면 어마어마한 노력이 필요하다. 2030년까지 이산화탄소 발생량을 2010년 대비 최소한 45% 줄여야 하고, 2050년부터는 아예 이산화탄소를 배출하면 안 된다. 앞선 보고서는 이를 실현하기 위해선 1차 에너지 공급의 50~65%, 전력 생산의 70~85%를 태양광, 풍력 등 신재생에너지로 공급해야 한다고 전망하고 있다.

신재생에너지의 공급 현황은 어떨까? 우리나라의 경우 2017년 기준 전체 전력생산량의 6%가 되지 않는다. 이를 25년 정도 안에 70%까지 올리기란 불가능에 가깝다. 에너지 소비를 줄여야 하는 건 당연하지만 이 부분에서도 개인의 노력엔 한계가 있다 (2015년 기준으로 우리나라 에너지의 63.6%가 산업 부문에서, 18.4%가 수송 부문에서 소비된다. 전체 소비량의 82%다. 가정에서 소비하는 에너지는 16.7%에 불과하다).

실제로 이산화탄소 배출을 줄이려면 에너지 및 산업 부문에서의 획기적인 감축이 우선이다. 에너지 부문에서 기존의 화석연료를 이용한 발전량을 획기적으로 줄여야 한다. 석탄, 석유, 천연가스 발전소의 가동을 중단해야 하는 것이다. 하지만 재생에너지, 즉 태양광발전과 풍력발전 등의 성장세를 볼 때 그 빈틈을 메우기에는 역부족이다. 즉 전기에너지 생산의 절대량을 줄여야 하는 것이다. 그러려면 전기소비 자체를 줄이는 수밖에 없다.

전기소비를 줄여야 할 곳은 산업, 그중에서도 이산화탄소 발생량이 가장 많은 철강, 시멘트, 서유화학, 플라스틱 제조, 알루미

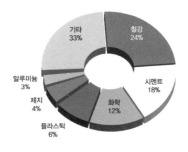

이산화탄소 배출 산업량 비중

늄, 제지 산업 등이다.[1] 이 산업들의 생산량이 준다는 건 한국의 경제성장이 현재 수준보다 현저히 줄어들거나 제로성장, 어떤 의미에서는 역성장한다는 뜻이기도 하다. 기후위기는 전 세계적인 문제인 만큼 우리나라만이 아니라 전 세계가 현재의 성장률을 낮추거나 포기해야 한다.

코로나19로 인해 인간의 활동이 확연히 줄어들었다. 스포츠도 공연도 강연도 취소되었고, 공장 가동률도 떨어졌다. 전 세계의 생산과 소비가 주춤거리고 있다. 어떤 이는 IMF나 2008년 세계금융위기 때보다 더 심하다고 이야기하고 또 다른 이는 20세기 초 대공황보다 더 심각한 타격을 입을 것이라 주장한다.

코로나로 인해 의도치 않았지만 이산화탄소 배출량은 줄었다. 에너지청정대기연구센터에 따르면 올해 3월 3일부터 4월 1일까

---

1 이 6개 분야 산업에서 배출하는 이산화탄소 양은 전체 산업의 67%를 차지한다.

지 이산화탄소 배출량이 최소 25% 가량 감소했다. 특히 중국의 석탄 사용량 감소가 눈에 띄는데, 작년 같은 기간에 비해 36% 줄었다고 한다. 그리고 원유와 철강 생산 감소, 항공편의 감축, 자동차 운행 감소 등도 영향을 미쳤을 것이다.[2] 이는 어찌 보면 기후위기를 극복하기 위해 많은 이들이 주장해오던 탈성장이 현실화된 모양새다. 코로나19가 잠잠해질 때까지의 일시적 현상이겠지만 현재의 상황을 잘 살펴보면 탈성장이 만들 미래를 예상할 수 있지 않을까?

탈성장이 드러나는 진짜 모습은 실업이다. 미국에서는 코로나19로 인해 직업을 잃고 실업수당을 신청한 사람이 2020년 3월 말 기준 660만 명이었다. 코로나19 이전의 평균 20만 명에 비해 30배 가까이 늘어났다. 한국도 마찬가지다. 여행업, 운수업, 서비스업, 제조업 등 거의 산업 전반에서 해고가 쉬운 비정규직부터 밀려나고 있는 것이다. 이에 정부가 긴급 재정을 운영해 현금을 지급하고 세금을 유예하고 기업에 대출과 신용보증을 서는 등 다양한 대책을 세우고 있지만, 이는 코로나로 인한 한시적 상황이기에 가능하다.

기후위기 대책으로 탈성장을 공론화하려면 사회가 노동을 어떻게 책임질 것인가에 대한 대책부터 논의해야 한다. 기후위기에

---

2 '코로나19로 중국 대기오염물질 배출 줄었다?… 데이터로 살펴보니', 《중앙일보》, 2020년 3월 19일자.

대한 비상행동은 기본소득, 노동시간 단축과 맞물려 있다. 화석연료를 사용하는 발전소 가동을 중단할 때 자동차, 플라스틱, 일회용품 생산이 줄어든다는 것은 그만큼 많은 노동자가 일자리를 잃는다는 뜻이다.

정의로운 전환이 필요하다

탈성장을 목표로 한다면 실업률 증가에 대한 대책이 먼저 고민되어야 한다. 실업수당을 주거나 직업전환 교육을 하는 등의 정책은 근본적인 대책이 아니다. 핵심 정책은 1인당 노동시간 감소가 될 것이다. 역설적이나 다행스럽게도 우리나라는 1인당 노동시간만큼은 OECD에서 1, 2위를 다투니 그만큼 줄일 여지가 많다. 1인당 노동시간을 줄이면 더 많은 고용이 가능하다. 서로 일자리를 나누는 것이다.

물론 노동시간이 줄어든다는 것은 노동자의 수입 감소를 의미한다. 이 감소분을 노동자가 모두 감당할 순 없을 것이다. 특히나 최저생계비 수준의 임금을 받는 이들에게 감소분은 치명적이다. 이 감소분을 정부와 사회 그리고 기업이 부담해야 한다. 그 방법 중 하나로 1인당 노동시간 단축을 전제로 한 기본소득이 논의될 수도 있다.

탈성장이라는 전제 아래 기업은 매출과 수입의 감소, 정부는 세수의 감소를 받아들여야 한다. 그리고 이를 위한 재원을 확보하기 위해선 세금을 늘려야 할 것이다. 시민들이 이 고통을 기꺼이 분담하고자 해야 한다. 여기에는 더 근본적인 숙제가 남아 있다. 다른 나라, 가장 중요하게는 미국과 중국, 인도, 유럽, 러시아, 동남아시아 등 현재 이산화탄소 배출량이 상위권에 속하는 나라들까지도 이 해결에 동의해야 한다. 이는 단순히 각국 정부를 설득하고 압박해서(물론 이 자체도 아주 힘든 일이겠지만) 될 일이 아니고 그 나라의 시민들이 받아들이고 납득해야 하는 문제다. 기후위기를 극복하는 과정 또한 정의로워야 한다. 그 과정에서 인류는 실질적으로 더 평등해져야 하고, 더 공정해져야 한다. 이 정의로운 전환이 지금 우리가 겪는 코로나로 인한 고통 이상의 고통을 요구하더라도 말이다.

이런 고민을 하다 보면 기후위기를 극복할 수 있을지 근본적인 회의가 들 수도 있다. 그러나 우회로는 없고, 시간은 우리 편이 아니다. 어려움에도 불구하고 기후위기를 극복해야 한다는 대명제를 피할 수 없다. 19세기부터 20세기에 이르는 인류의 번영 뒤에 우리가 차곡차곡 쌓아온 빚을 이제 일순간에 갚아야 할 상황이 되었다. 이 상황을 외면할 수 있는 길은 없다.

지금 우리가 할 수 있는 것은

개인이 기후위기를 막기 위해 가장 먼저 할 수 있는 일은 소비를 줄이고 자원을 재활용하는 것이다. 그러나 개인의 노력으로는 한계가 있다. 소비를 줄이는 것은 궁극적으로 생산을 줄여 이산화탄소 배출을 감소시키자는 의도이다. 따라서 이는 개별적 소비 절약이 아니라 시민의 연대에 의한 소비거부 운동으로 나아가야 한다. 특히 앞서 말했듯이 이산화탄소 발생량이 많은 산업 부문에 집중해야 하고, 그중에서도 동일한 생산량에 더 많은 이산화탄소를 발생시키는 기업의 제품에 집중해야 한다. 이를 통해 기업에게 더 과감한 이산화탄소 배출 저감 대책을 압박할 수 있다.

두 번째로는 정부에 대한 요구이다. 기업체들이 온실가스 감축을 위해 행동하도록 관련 법을 제정하고 관련 제도를 바꾸도록 해야 한다. 정부가 기존의 관성을 이겨내기 힘든 것도 사실이고, 표와 여론을 의식하는 것도 사실이다. 여론을 형성해 정부가 나서도록 요구해야 한다.

구체적으로는 탄소세를 매기는 것도 강력하게 주장할 수 있는 요구사항이다. 탄소세를 도입해 기업이 온실가스 발생량을 줄이도록 강제하고, 그렇게 확보한 재원으로 재생에너지 및 기후 위기 관련 예산을 늘려야 한다. 또한 새로운 화력발전소 건설 계획을 전면 중단하고 기존 화력발전소의 운전 중단 및 폐쇄를 요구해야 하며, 정부는 그 대안으로 재생에너지의 과감한 확대 정책을 펴야 한다. 기업이 만드는 제품에 탄소발자국을 새기는 것도 요구할 수 있다. 소비자가 어떤 제품이 더 많은 탄소발자국을 남겼는지를 확인하고 구매를 선택할 때, 기업 또한 온실가스 문제가 제품의 판매에 커다란 영향을 끼친다는 걸 절감할 수 있다.

혼자 요구해선 이룰 수 없는 일이다. 그래서 2019년 세계의 시민들이 나서서 함께 목소리를 높였다. 스웨덴의 그레타 툰베리를 비롯하여 전 세계의 미래세대가 '기후를 위한 결석 시위'를 하며 거리로 나섰다. 이제 한국에서도 시민들이 연대해서 나서야 한다. 먼저 정부에게 "행동에 나설 것"을 강력히 요구하는 시민 연대가 절실히 필요하다.

(vol. 129, 2020. 5-6)

기후변화, 교육의 변화

기후위기에 대한 시민들의 인식

예전에 우리나라 속담을 조사한 적이 있습니다. 그때 얼핏 보았지만 잊히지 않는 속담이 하나 있는데 바로, '장마에 떠내려가면서도 가물 징조라고 한다'였어요. 그 모습을 머릿속으로 상상해보면 핏! 하고 헛웃음이 나옵니다. 장맛비에 강물은 불어나고, 불어난 강물에 허우적거리며 떠내려가면서도 "이건 가물 징조야!"라고 외치는 모습. 저는 기후변화에 대해 이야기를 할 때 가

이재영 _ 공주대 환경교육과에서 중등 환경교사를 양성하고 있으며, 국가환경교육센터 센터장을 겸하고 있다. 기존의 교과중심 교육과정을 해체하고 사건 탐구를 통해 삶과 배움이 더 가까워지는 방법을 찾고 있다.

끔 이 모습이 떠오르곤 합니다. 기후변화로 인해 얼마나 더 많은 재난과 시련을 겪어야 이 현실을 받아들이고 획기적인 대응책을 마련하게 될까요?

여러분은 기후위기가 어디쯤 와 있다고 느끼시나요? 2012년에 실시한 여러 인식조사 결과를 종합하면, '큰 문제 될 게 없다'(30%)거나 '나와는 상관없는 것 같아서 관심이 없다'(15%)는 응답이 절반에 좀 미치지 못했습니다.[1]

그런데 2018년 한국환경정책·평가연구원이 조사한 결과에 따르면, 기후변화로 인해 이미 영향을 받고 있다(65.8%)거나, 10년 이내 받을 것(18.1%)이라는 대답이 월등히 높았습니다. 7년 사이에 기후변화의 영향을 체감하고 있다는 응답이 약 20% 정도 증가한 것입니다.[2] 2019년 11월에 전국의 고등학생 600명을 대상으로 조사한 결과를 보면, '이미 기후변화의 영향을 받고 있다'(51.8%), '10년 이내에 받을 것이다'(16.5%)라고 응답했습니다.

여기에서 흥미로운 차이를 볼 수 있는데요. 성인들의 경우 기후변화에 이미 영향을 받고 있거나 10년 이내 받을 거라는 응답

---

1 기후변화가 언제쯤 건강에 영향을 미칠 것 같은지를 묻자 '이미 지금도 위험하다'(45%) '향후 10년 이내 위험해진다'(34%)라는 응답이 많았다. 10년 이후에 영향을 받을 것 같거나, 전혀 위험하지 않다는 의견은 21%였다.

2 2019년 실시된 다른 조사에서도 '기후변화의 영향을 체감하고 있다'(93%), 기후변화가 '일상생활, 사회경제활동, 재산 및 건강에 심각한 영향을 주고 있다'(82%)는 응답이 급증했다.

이 83.9%에 이르지만, 고등학생들은 68.3%에 불과합니다. 왜 이런 차이가 생겨나게 된 것일까요?

환경부가 2007년에 실시한 조사 결과를 보면, 연령대별로 비교했을 때 10대의 기후변화 주요영향에 대한 인식도는 전체 평균 91%와 비교해 76.3%에 불과했고, 원인에 대한 인식도도 64.3%로 전체 평균 80.2%보다 훨씬 낮았습니다. 아쉽게도 이런 결과는 12년이 지난 뒤에도 달라지지 않았습니다. 2019년 7월 《세계일보》와 '공공의 창'이 함께 실시한 기후변화 인식조사에 따르면, '기후변화가 자연변동 때문'이라는 응답(7.8%) 중에서 19~29세가 12.1%, 30대가 16.9%로 평균보다 훨씬 높게 나타났습니다. 이런 결과는 젊은 세대가 나이 든 세대보다 기후변화에 더 무지하고, 무감하고, 무관심하다는 사실을 보여줍니다. 왜 이런 결과가 나타나게 된 것일까요?

기후환경교육의 실태와 문제점[3]

우리나라의 기후환경교육 실태와 문제점은 크게 두 가지로 나누어서 생각해볼 수 있습니다. 하나는 기후변화에 대해 '충분히' 가르치지 않는다는 점이고, 다른 하나는 기후변화를 '제대로' 가

---

3 이재영, 〈기후변화 대응을 위한 우리 교육의 방향〉, 월간《교육정책포럼》315호 참조.

르치지 않는다는 점입니다.

우리나라의 환경교육은 세계 어느 나라보다 앞서 새로운 모델을 만들고 실험해왔습니다. 이미 20년 전인 1992년에 제6차 교육과정에서 중·고등학교에 '환경'을 독립적인 선택과목으로 설치했죠. 그러나 초창기 30%에 육박했던 환경과목의 선택률은 최근 들어 8% 정도로 떨어졌고, 지난 10년간 단 한 명의 환경교사도 임용되지 않았습니다. 환경과목을 선택한 대부분의 학교에서는 수학, 영어, 미술, 한문 선생님들이 모자라는 시수를 채우며 입시 준비에 필요한 자습시간을 확보하기 위해 환경 수업시간을 악용하고 있었습니다.

국정감사에서 이런 지적이 나오면 교육부와 일부 교육청은 지금도 여러 교과에서 분산적으로 환경교육을 충분히 하고 있다고 대답하거나, 환경은 교양과목군에 속하기 때문에 아무 교사나 가르칠 수 있다고 말합니다. 이제 전국의 중·고등학교에 남아 있는 환경교사는 열 명 정도에 불과합니다. 그래서 일부 환경교사들은 스스로를 '멸종위기종'이라 부르고 있습니다. 대략 계산했을 때, 대한민국의 한 학생이 초등학교에 입학해서 고등학교를 졸업할 때까지 형식적으로라도 제가 기대하는 수준의 환경교육을 받는 비율은 천 명 중 한 명 정도에 불과할 것으로 추정됩니다. 앞서 언급한 우리나라 청소년과 젊은이들이 왜 기후변화에 대한 인식이나 이해가 낮은지 그 이유를 짐작할 수 있는 대목이기도 합니다(길게 얘기하면 교과 이기주의라는 비판을 받기 일쑤라서 더 이상 말하지 않겠습니다).

미국의 과학교사들에게 실시한 설문조사[4] 결과를 보면, 응답교사의 약 절반 정도가 여전히 기후변화가 자연적인 것인지 사람에 의해 초래된 것인지 확실하지 않다고 응답했다고 합니다. 모든 진술에 대해 의심하고 비판적으로 검토하는 것은 과학을 가르치는 사람의 올바른 태도라고 할 수 있습니다. 그러나 우리의 삶은 늘 이런 과학적 불확실성 속에서 내려지는 판단과 결정과 행동으로 가득합니다. 과학교육은 과학적 사실이나 이론만을 가르치는 것이 아니라 그런 과학적 불확실성 속에서 어떻게 판단하고 결정하고 행동할 것인지도 함께 다루어야 합니다. 만약 기후변화의 원인이 불확실하다고 말하고 거기에서 멈추면, 그 결과는 기후대응을 위한 행동을 계속 유보하게 한다는 점에서 기후변화를 자연적인 현상이라고 가르치는 것과 같게 됩니다. 그래서 기후교육을 과학교육의 일부로 생각해서도 안 되고, 과학교사에게만 맡겨두어서도 안 되는 것입니다.

학교에서 기후변화에 대해 충분히 가르치지 못하거나, 가르치지 않는 또 다른 이유는 교사들 대부분이 준비가 되어 있지 않기 때문입니다. 우리나라의 교원 양성과정이나 현직 교사들을 대상

---

4   Cheskis, A., et al. (2018). 'Americans Support Teaching Children about Global Warming'. Yale University, New Haven, CT: Yale Program on Climate Change Communication.

으로 하는 연수에서도 기후변화를 포함하여 이미 닥친 환경재난에 대해 거의 다루지 않습니다. 그 자리를 독차지하고 있는 것은 4차 산업혁명과 인공지능 등이죠. 2019년 6월 발표된 연구[5]에 따르면 인공지능에게 '신경망 구조 탐색' 모델을 학습시킬 경우 배출되는 온실가스 양이 항공기 이코노미석을 이용해 인천에서 미국 뉴욕까지 290번 왕복 비행할 때 나오는 양과 맞먹는다고 합니다. 그런데도, 인공지능 컴퓨터를 돌리기 위해 얼마나 많은 전기가 필요하고, 그 전기를 생산하기 위해 얼마나 많은 온실가스가 배출되고 있는지에 대해서는 전혀 다루지 않고 있는 거죠.

기후변화는 환경문제만이 아니다

기후변화를 제대로 가르치지 않고 있는 문제에 대해 좀 더 깊이 들여다보겠습니다. 그 전에, 종이 위에 전깃줄에 앉아 있는 참새를 한 마리 그려보세요. 어떤 부분을 그리기가 어려운가요? 저의 경험에 비추어보면 머리와 몸통이 연결되는 부분과, 몸통하고 다리가 연결되는 부분을 그리기 어렵습니다. 참새의 해부학적 특징, 그러니까 겉으로 드러난 몸통과 털 말고, 뼈가 어떻게 생겼고 어떻게 연결되어 있는지, 어떻게 해서 나뭇가지 위에서도 균형을

---

5 미국 매사추세츠내 애미스드 캠피스의 엠미 스트러벨 등이 연구.

잡고 이런 포즈를 취할 수 있는지를 모르기 때문입니다. 뼈를 아는 건 깃이나 털을 이해하는 데도 큰 도움이 됩니다.

그렇다면, 우리가 겪고 있는 기후위기나 환경재난의 뼈에 해당하는 것은 무엇일까요? 참 쉽지 않은 질문입니다. 다만, 겉으로 드러나 우리가 감각적으로 경험하는 현상만으로 기후변화를 이해했다고 말하기는 어렵습니다. 우리에게 이미 닥쳐온 기후위기와 환경재난을 가르치고 배울 때 그 뼈대를 어떻게 세워야 할까요?

기후환경교육의 목표는 '기후변화가 단지 환경문제만은 아니라는 것을 깨닫도록 돕는 것'이라고 할 수 있습니다. 모든 것은 모든 것과 연결되어 있고, 모든 생명은 모든 생명에 의존하여 살아간다는 것이 생태주의의 첫 번째 원리라고 할 수 있습니다. 기후위기를 환경문제로 한정해서 다루는 것은 기후환경교육을 제대로 하는 것이라고 보기 어렵습니다.

2019년 여름, 아마존에서는 대형 산불이 발생했습니다. 이 산불은 대부분 농민들이 농지를 확보하기 위해 일부러 놓은 것입니다. 브라질의 대통령은 스스로를 '전기톱'이라고 부르면서 아마존 개발을 가속화하고 있습니다. 이 과정에서 수십 명의 환경활동가들이 목숨을 잃었습니다. 그들은 숲을 태워 얻은 농지에 무엇을 재배하려고 했을까요? 브라질 농민들은 유럽 선진국들과 중국에서 잡아먹을 동물의 사료로 쓰일 콩과 옥수수 등을 재배합니다. 우리의 육식문화와 아마존 산불은 밀접하게 연결되어 있습니다.

그리고 그 사이에 아프리카에서 발병한 돼지열병이 끼어 있기도 합니다. 그 돼지열병의 원인이 무엇인지 명확하지는 않지만, 음식물 쓰레기 등 질 나쁜 돼지사료가 관련이 있을 것으로 추정하고 있습니다. 늘어나는 육류 소비량을 맞추기 위해 공장식 축산이 확대되었고, 한 평 남짓한 곳에서 열 마리 가까운 돼지들을 기르면서 엄청난 양의 항생제와 살충제, 성 호르몬제가 사용되고 있습니다. 이런 화학물질은 축산폐수와 뒤섞여 강으로 흘러들었고, 강에 사는 물고기의 성비를 교란하고 있습니다.

불타버린 숲은 엄청난 양의 온실가스를 배출했습니다. 그 결과 기후변화는 더욱 심해지고 숲은 더욱 건조해져 거대한 장작으로 변해가고 있습니다. 기후변화로 눈이 내리지 않자 스키장에서는 전기로 얼음을 갈아 인공눈을 뿌렸습니다. 또 그 전기를 생산하는 과정에서 온실가스가 배출되고, 스키장에 눈이 올 가능성은 점점 더 희박해져 갑니다. 이런 식의 되먹임이 계속되면 시스템은 붕괴합니다. 시스템이 붕괴하는 과정에서 가난한 자, 힘없는 자, 약한 자, 늙었거나 어린 자, 이방인, 소수자가 가장 먼저 혹독한 고통을 겪습니다. 아직 태어나지 않은 미래세대는 존재할 권리마저 박탈당할 수 있습니다.

기후위기를 제대로 다루기 위해서는 인권, 민주, 평화, 성평등,

다문화 등의 쟁점들을 환경문제와 함께 다룰 수 있는 통찰적 안목을 길러야 합니다. 그러기에 현재의 학교 교육과정은 지나치게 분절적이고, 역량이라는 이름으로 지나치게 개인의 경쟁력에만 초점을 맞추고 있습니다. 그런데 불행하게도 학교는 바뀔 조짐이 전혀 보이질 않습니다. '기후변화를 막기 위해서는 삶의 양식을 바꿀 생각이 있는가'라는 질문에 한국인의 응답률이 조사대상 18개국 가운데 가장 낮았습니다(전체 평균 36% 중 7%). 누가 어디서부터 시작해야 할까요? 질문을 시작해야 답을 찾을 가능성이 생깁니다.

기후위기와 미래세대의 권리

다들 잘 아시겠지만, 그레타 툰베리는 열다섯 살이던 2018년 여름부터 스웨덴 국회 앞에서 '기후를 위한 결석Strike for Climate'이라는 팻말을 들고 1인 시위를 시작합니다. 툰베리는 이렇게 물었다고 하죠. "앞으로 몇 십 년 안에 지구생태계가 붕괴될 위험이 있고, 그때도 내 삶이 온전할지 확신할 수 없다면 나는 왜 계속 학교에 가서 뭔가를 배워야 하는가? 학교에서 가르치는 과학적 지식은 학교 밖에서 계속 무시되고 있는데." 툰베리의 문제의식은 우리에게도 질문을 던지고 있습니다. 우리는 왜 학교에 가고, 왜 무언가를 배우려고 하나요?

시작은 툰베리가 했더라도, 의미 있는 변화는 또 다른 누군가에 의해 만들어질 수 있습니다. 한국의 청소년기후소송단이 2020년 3월 12일 헌법재판소에 헌법소원을 냈습니다. SNS에 올라온 글을 옮기면 다음과 같습니다. "정부의 무책임한 기후대응 정책으로 우리 청소년들은 건강하고 안전한 미래를 꿈꿀 수 없습니다. 헌법에 보장된 기본적 권리(생명권과 환경권)가 침해당하고 있습니다. 청소년기후행동은 기후변화를 방치하는 정부를 상대로 헌법소송을 제기합니다."

곤란에 처한 자들에게 있어 배움은 가장 근본적인 자기 구원의 과정입니다. 기후위기로 인해 존재할 권리를 위협받고 있는 어린 세대들이 생명권은 물론 환경학습권을 쟁취하여 스스로를 구원하고자 하는 것은 자연스러운 일이지요. 헌법소원을 통한 권리 구제와 환경학습을 통한 자기 구제가 서로에게 촉매작용이 될 수 있기를 기대합니다.

"기후위기와 환경재난의 시대, 이제 어른과 아이의 관계는 완전히 새로운 국면에 접어들지도 모른다. 남녀 사이의 차별보다 더 뿌리 깊은 차별, 바로 어른과 아이 사이의 차별이 도마 위에 올랐고, 툰베리는 그 선을 넘었다. 이번 총선에서 새롭게 투표권을 갖게 된 18살 청소년들은 어떤 미래를 선택하려고 할까? 혹시 그들은 투표지 위 어디에도 선택할 미래가 없다고 느끼지 않을까? 툰베리는 어린아이로서 어른에게 '호소'한 게 아니다. 미래 세대로서 현세대에게 명령한 것이다."[6]

2019년 11월 고등학생 600명에게 만약 다음 대통령 선거에서 투표권을 갖게 된다면, 어떤 후보에게 표를 던지겠는지 물었습니다.[7] 다섯 개의 보기를 주었는데, 1순위만 보면 '경제를 살리고 빈부격차를 줄이는 대통령'(32%)이 가장 높았지만, 1순위와 2순위를 합쳤을 때는 '미세먼지, 기후변화 등 환경문제를 해결하는 대통령'(47.2%)이 가장 높았습니다. 2020년 4월 총선의 만 18세 투표권자는 약 52만 명이며, 그 정도의 표 차이가 대통령을 결정한 사례는 이미 두 번이나 있습니다.

20세기에 들어서야 가난한 남성 노동자, 여성, 그리고 흑인이 참정권을 갖게 되었다는 사실을 기억해봅시다. 그리고 그 과정이 노동해방, 여성해방, 흑인해방의 역사와 밀접하게 연결되어 있다는 것도 살펴보면 좋겠습니다. 최근 중앙선거관리위원회가 학교에서의 모의선거를 위법이라고 판단했지만, 오래 막지는 못할 겁니다. 선출직 후보들이 고등학교 운동장에 와서 선거운동을 하는 것이 당연해질 것이며, 부모와 자녀가 함께 텔레비전 선거방송을

---

6 이재영, '툰베리와 초등학생의 호소? 그것은 명령이다', 《한겨레》, 2020년 2월 12일자.
7 국가환경교육센터.

보며 과거와는 다른 태도로 토론하게 될 것입니다. 청소년 정당이 탄생하고, 지자체 청소년의회의 위상이 달라지는 것도 시간문제입니다. 청소년들의 눈높이에 맞춰 무릎을 낮출 것인가 아니면 어른의 눈높이에 맞춰 발돋움을 둘 것인가, 기후변화가 매개하는 어른과 아이의 새로운 관계에 대해서 무엇을 상상하든 그 이상의 변화를 보게 될 것입니다.

(vol. 128, 2020. 3-4)

기후불평등과 기후정의

기후위기는 사회정의의 문제다

인간의 활동이 기후 시스템을 바꾸고 있다는 압도적인 증거들이 속출한다. 온실가스 배출로 기온 상승, 해수면 상승, 가뭄이나 홍수 같은 악천후가 발생하고 있다. 기후위기로 인한 재난은 천재天災이자 인재人災인 것이다. 기후위기는 단순한 자연재해가 아니라 인간들 사이의 문제이기도 하기 때문에 사회정의Social justice와 깊은 관련이 있다. '기후정의Climate justice'에 대한 논의가 그렇다.

유민석 _ 철학 박사 과정을 수료했다. 윤리학과 정치철학, 페미니즘 철학에 관심이 있다. 주디스 버틀러의 『혐오 발언』, 캐서린 겔버의 『말대꾸』를 우리말로 옮겼다.

기후정의는 지구온난화가 순전히 환경적이거나 물리적인 문제가 아니라 윤리적, 정치적 문제임을 규정하기 위해 사용하는 용어다. 기후정의는 기후위기의 원인과 영향 등을 환경정의나 사회정의의 개념과 연관지을 때 실현된다. 기후정의를 통해 우리는 평등, 인권, 집단적 권리, 기후위기에 대한 역사적 책임을 함께 고민할 수 있다.

고립주의의 덫

흔히 기후정의에는 '고립주의Isolationism'와 '통합주의Integrationism'가 대립한다고 알려져 있다. 고립주의자들은 기후위기로 발생하는 빈곤, 이주 등의 윤리적 문제를 다른 사안과 분리하여 처리하는 것이 최선이라고 주장한다. 그들은 다른 고려사항들을 '괄호 바깥으로 제쳐두고' 기후위기를 그 자체의 문제로 처리하려고 한다. 예를 들어 지구온난화 문제를 대할 때 다른 이슈와 격리한 상태로 소위 '온실가스 배출권' 같은 원칙을 제안한다.

고립주의 접근법도 나름의 장점이 있기는 하다. 우선 문제를 단순화할 수 있다. 기후위기에 다른 문제를 포함시키게 되면 질문이 복잡해진다. 또한 기후협상에서 합의를 도출할 때 실용적인 측면을 따진다면 고립주의적 입장이 낫다. 어떤 정의 이론이 옳은지 사람들마다 의견이 다르기 때문에, 기후정의를 추구할 때 다른 문제들도 함께 고려해야 한다고 주장하다가는 교착 상태에 빠질 수 있다.

이러한 이유로 고립주의자들은 기후위기 문제를 다른 현상과 분리해 처리할 것을 제안한다. 그러나 이들의 주장처럼 기후위기가 다른 사회정의와 동떨어진 문제일까? 급격한 기후의 변화로 발생했던 허리케인 카트리나 사건을 보면, 기후부정의Injustice는 곧 기후위기의 비용을 누가 부담하는가, 기후위기를 해결하기 위한 조치를 누가 감당하는가에 중점을 둔 '분배적 정의Distributive justice'와 불가분한 관계라는 것을 알 수 있다.

카트리나는 2005년 8월, 미국의 뉴올리언스와 남부 해안 지역에 1,800명 이상의 사망자와 1,250억 달러의 피해를 낸 5등급 대서양 허리케인이다. 카트리나 재해는 기후재난이 저소득층과 소수민족에게 어떻게 불균형한 영향을 미치는지 보여주는 사건이었다. 카트리나에 가장 취약한 사람들은 빈민, 흑인, 히스패닉, 노인, 병자 및 노숙자였다. 허리케인이 몰아칠 때 저소득층과 흑인들이 밀집한 지역은 이에 대비할 자원이 거의 없었고, 자가용을 가진 사람이 적어 이동 또한 제한되었다. 허리케인이 지나간 후에도 저소득 지역사회가 그로 인한 환경오염의 영향을 가장 많이 받았다. 정부가 위험에 처한 이들을 적절하게 지원하지 못해 문제는 더욱 악화되었다. 카트리나 재해에서 빈곤계층은 '불평등한 분배', 기후위기에 대한 '불평등한 책임', 기후위기의 완화 및 적응을 위한 '불평등한 비용 부담'이라는 '삼중 부정의triple injustices'를 겪어야 했다.

원주민 공동체, 유색인종 공동체와 같이 역사적으로 소외된 공동체는 종종 기후위기의 최악의 결과에 직면한다. 사실상 기후위기에 책임이 가장 적은 사람들이 가장 심각한 결과를 감당하고 있는 것이다. 더욱 큰 문제는 이들이 긴급구호 또한 가장 늦게 받는다는 사실이다. 기후위기에 대처하는 지역, 국가 및 국제사회의 계획 과정에도 이들은 거의 포함되지 않고 있어서, 앞으로도 더욱 불리한 위치에 처할 가능성이 높다.

기후위기에 대비하는 데 필요한 능력은 소득, 인종, 계층, 성별, 자본 및 정치적 대표성과 같은 요인들에 의해 형성된다. 빈곤층은 기후위기의 악영향을 경험할 가능성이 더 높을 뿐만 아니라 환경재해를 복구하는 데 필요한 자원이나 보험 혜택을 거의 못 받는 경우가 많다. 기후위기로 인한 사상자의 99%가 개발도상국 국민이라는 유엔 개발 프로그램의 연구 결과는 그 불평등을 확연히 보여준다.

통합주의로 괄호 벗기기

두 번째 접근 방식인 통합주의에서는 기후위기에 대한 윤리적 문제를 다룰 때 빈곤 문제나 개발 같은 다른 문제와 관련 짓는 것이 최선이라고 주장한다. 통합주의자들에 따르면 기후위기를 기후 문제로만 처리하는 것은 인위적이다. 기후위기는 별개로 취급할 수 있는 독립된 문제가 아니라는 것이다. 기후위기는 '에너지 사용'과 같이 사람들이 활동한 결과이며 경제성장, 빈곤 감소, 도시 디자인, 그리고 토지 사용과도 인과적으로 얽혀 있기 때문이다. 기후위기를 해결하기 위한 정책 역시 식량, 건강, 빈곤, 생물다양성, 개인의 자유 등 광범위한 현상에 영향을 미친다. 이 점을 감안할 때 기후위기 문제에 고립주의 방식으로 정의의 원칙을 적용하려는 시도는 오히려 혼란을 야기한다고 통합주의자들은 비판한다.

최근 전 세계적으로 가속화되는 기후위기에 대처하는 것이 중요하다는 공감대가 퍼져나가기 시작했다. 기후정의를 외치는 정치집단이 늘어나면서 환경오염의 주범인 기업들에 대항할 수 있게 되었고, 온실가스 배출을 낮추는 효과도 얻고 있다.

우간다의 기후정의 활동가인 바네사 나카테의 사례는 '기후부정의' 문제에 어떻게 접근해야 하는지를 시사한다. 캄팔라에서 자란 나카테는 자국의 고온 현상을 염려하며 2018년부터 기후 관련 활동을 시작했다. 2020년 10월, 나카테는 한 연설에서 세계 지도자들에게 여성과 소녀들이 처한 빈곤, 기아, 질병, 젠더 갈등, 폭력과 연결해 기후위기 문제를 해결할 것을 촉구했다.

"기후위기 때문에 수백만의 사람들이 먹을 것이 없는데, 어떻게 굶주림을 해결할 수 있을까요? 재난이 발생한 후에 재난을 보게 될 것입니다."

2019년 한 인터뷰에서는 강수량의 변동이 커진 것을 우려하면서 이렇게 호소했다.

"우리나라 국민의 대부분은 농업에 의존하고 있습니다. 홍수로 농장이 파괴되고 가뭄으로 농작물 생산이 줄어들면 식량 가격이 크게 오르겠지요. 그럴 때 음식을 살 수 있는 사람은 특권층일 것입니다. 마을이나 시골에 사는 대부분의 사람들은 식량을 구하는 데 어려움을 겪을 거예요. 이는 곧 기아와 죽음으로 이어집니다. 우리나라에서 비가 부족하다는 것은 특권이 없는 사람들의 굶주림과 죽음을 의미합니다."

그레타 툰베리에게서 영감을 받은 나카테는 2019년 1월, 기후위기 문제에 반응하지 않는 기업에 대항해 단독 파업을 시작했고, 몇 달 동안 우간다 의회 정문 앞에서 시위를 했다. 콩고 열대우림이 사라져가는 문제를 알리자는 그녀의 요청에 세계의 젊은 이들이 소셜 미디어를 통해 응답하기도 했다.

그녀의 이러한 활동은, 기후위기 문제를 해결하기 위해선 계급과 인종, 젠더와 민족 같은 기후위기 '괄호 바깥'의 문제에 대한 통합주의적인 접근이 필요하다는 것을 보여준다. 그녀의 행보를 통해 기후행동이 빈곤이나 인종 같은 기존의 다른 운동과 어떻게 만나아 하는지 잘 알 수 있다.

기후정의를 위한, 더 넓은 정의의 요구

기후위기의 문제는 정의를 요구하는 목소리를 외면하고서는 해결할 수 없다. 빈곤계층은 기후위기나 자연환경과 관련된 의사결정이나 정치 및 법적 과정에 참여할 수 있는 권리를 누리지 못한다. 따라서 기후위기의 불균형한 영향을 줄이기 위한 한 가지 방법은 계획 및 정책결정 과정에 불이익을 받기 쉬운 집단을 참여시켜 발언권을 주는 것이다. 이는 공정하고 투명하며 포괄적인 의사결정을 강조하는 '절차적 정의Procedural justice'라고 볼 수 있다.

절차적 정의의 목표는 분쟁을 해결하고 자원을 배분하는 과정에서 공정성을 획득하는 것이다. 빈곤계층이 의사결정 과정에 참여하는 것은, 기후정의의 절차적 정의를 실현하는 일이다. 이를 통해 소수 집단들이 변화하는 기후에 적응하고 자원에도 더 많이 접근할 수 있다. 그럼으로써 기후정의의 문제는 '분배적 정의'와 자연스레 이어진다. 분배적 정의는 사회적으로 공정한 자원의 할당과 관련이 있기 때문이다. 흔히 공정한 법 집행과 관련된 절차적 정의와는 반대로, 분배적 정의는 결과에 집중한다. 기후위기에 대한 비용과 책임을 분담하고, 기후위기에 대응할 때 빈곤계층을 최대한 고려하는 것은 기후정의에서 분배적 정의를 실현하는 일이다.

끝으로 '변혁적 정의Transformative justice'란 사회 시스템에 변화를 일으키기 위해 고안된 일련의 관행과 철학을 말한다. 변혁적 정의를 지지하는 이들은 기후위기가 민주적 거버넌스를 강화하고 성평등과 사회적 포용을 추동하는 기회라고 말한다.

기후정의의 문제에서 절차적 정의와 분배적 정의, 그리고 이를 위한 전제인 변혁적 정의는 서로 얽혀 있다. 빈곤계층에 대한 불평등한 기후위기의 영향, 비용 부담이라는 '분배적 정의'의 문제는, 기후위기 해결을 위한 의사결정 과정에서 민주적 참여라는 '절차적 정의'가 필요하다는 것을 보여준다. 사회 시스템의 부조리와 억압적 관습에 대한 '변혁적 정의'를 전제하지 않고서는 이것이 해결될 수 없음은 물론이다. 기후정의를 요구하는 사람들은 최소한 기후위기 대응이 분배적 정의와 절차적 정의에 해당하는 기존의 부정의를 반복하거나 강화하지 않도록 하는 것이 우선시되어야 한다고 주장한다.

기후위기 시대, 기후정의를 위해 더 넓은 정의의 요구에 귀를 기울여야 한다. 프랑스의 철학자 장 프랑수아 리오타르의 말대로, 정의에 대한 감각은 보는 것looking에서 생겨나는 것이 아니라 듣는 것listening에서 생겨난다. 기후정의 역시 마찬가지가 아닐까.

(vol. 133, 2021. 1-2)

기후위기를 이념으로 극복할 수 있을까

_에너지 문제를 바라보는 또 다른 관점

탄소 배출을 둘러싼 갈등

21세기 들어 기상이변이 속출하면서 기후위기는 전 세계 대부분의 국가에서 그리고 정치·경제·사회 모든 분야에서 주요 이슈로 떠올랐다. 기후위기가 인류의 생존 문제로 떠오르면서 세계에서 아홉 번째로 이산화탄소를 많이 배출하고 있는 우리나라도 더이상 외면할 수 없게 되었다. 2050년까지 탄소 순 배출량을 제로로 만드는 목표를 세우고 에너지 정책과 산업 구조조정이 진행되고 있다.

현병호 _《민들레》발행인. 『스스로 서서 서로를 살리는 교육』『반지성주의보』를 썼고, 『소통하는 신체』를 우리말로 옮겼다.

탄소중립은 이산화탄소 배출량에서 흡수량을 제외한 순 배출량이 0이 되는 상태를 말한다. UN 산하 국제기구 '기후변화에 관한 정부간 협의체(IPCC)'에서 지구 온도 상승을 1.5°C 이내로 유지하기 위해 모든 국가가 2050년까지 탄소중립을 달성해야 한다고 발표했다. 이를 위한 법적 기반으로 '탄소중립기본법'이 2021년 9월 공포되었다. 걸을 때 발자국을 남기는 것처럼 개인이나 기업이 상품을 생산 소비하고 폐기하는 전 과정에서 발생하는 이산화탄소 총량을 계량화한 탄소발자국 표시제가 시행되고 있기도 하다.

우리나라는 다른 선진국들에 비해 에너지 소모가 많은 제조업의 비중이 높아 온실가스 배출의 86.9%를 에너지 부문이 차지한다. 한편 재생에너지 비중은 2020년 7%대로 OECD 국가들 중 가장 낮은 편이다. 에너지 전환이 탄소중립에 핵심 과제인 셈이다. 기업들을 대상으로 하는 쓰레기 종량제와 유사한 탄소배출권 거래제를 2015년부터 시행하고 있는 것도 이 때문이다.[1] 2022년 현재 국내의 탄소배출권 가격은 톤당 35,000원에 거래되고 있다. EU는 톤당 80유로(약 108,000원)를 넘어섰다. EU 가격을 적용할 경우 2030년 무렵 국내 기업들은 탄소배출권을 사는 데 지금

---

[1] 계획 기간 첫해에는 무상으로 시작해 2020년에는 배출권의 유상 비율이 10%로 높아지면서 기업들의 부담이 늘어나고, 배출권 거래 가격이 요동치고 있다.

보다 약 30조 원을 더 지출해야 한다는 계산이 나온다. 탄소배출량을 줄이지 못하는 기업은 연간 수백억 원을 탄소배출권 구매에 써야 하는 상황이다.

탄소 규제를 둘러싸고 선진국과 후발 주자들 간에 미묘한 긴장 관계가 조성되고 있다. 서구는 자국의 자동차 생산은 줄이지 않으면서 중국의 석탄 소비와 철강 생산을 줄이도록 압박한다. 최근 중국발 미세먼지가 줄어든 주요 원인으로 꼽힌다. 그런데 중국이 탄소 배출을 줄이기 위해 석탄 소비를 줄이자 부산물인 요소 생산에 차질이 빚어지면서 우리나라에서 느닷없는 요소수 대란이 일어났다. 그동안 대부분의 사람들이 그런 것이 있는 줄도 모르고 살았던 요소수가 이처럼 중요하다는 사실을 새삼 알게 되었다. 세계 경제는 일반인들의 생각보다 훨씬 긴밀하고 복잡하게 연결되어 있다.

중국의 철강 생산량이 줄어들어 공급이 줄면 자동차 생산 단가가 올라간다. 서구 사회는 그 정도의 가격 인상을 감당하고도 자동차를 구입할 수 있겠지만 후진국에서는 새 자동차를 구입하는 대신 노후된 경유 중고차를 수입해 타고 다닐 것이고, 그만큼 지구적 차원의 탄소 배출량은 늘어날 것이다. 실제로 풍선 효과는 눈에 띄지 않게 나타난다. 한쪽을 누르면 다른 한쪽이 불룩 튀어나오는 게 아니라, 모든 방향으로 압력이 분산된다. 전방위적으로 분산되어 나타나는 효과를 추적하는 일은 쉽지 않다.

탄소배출을 줄이기 위해서는 전기를 아껴 쓰는 개인 차원의 실천으로는 한계가 있다. 인류가 당면한 지구적 위기 상황은 국가적 단위의 실천을 필요로 한다. 개개인은 쓰레기 분리수거도 잘해야 하지만, 한 사람의 시민으로서 국가 정책의 방향이 제대로 잡혀 있는지 점검하고 감시하는 역할을 게을리 해서는 안 될 것이다. 선거를 잘하고, 선거로 뽑힌 정치인이 제대로 하고 있는지를 살피는 일이 지속가능한 세상을 만드는 길이다. 민주사회의 시민 노릇 하기란 결코 쉬운 일이 아니다.

태양광발전의 이면

문재인 정부는 시민사회의 전폭적인 지지를 받으면서 나라 살림을 맡았다. 지난 5년 동안 잘한 일들도 많지만 잘못한 일들도 적지 않다. 잘한다고 한 일이 심각한 부작용을 낳기도 한다. 에너지 정책도 그중 하나일 것이다. 환경을 위한 에너지 정책으로 환경파괴가 일어나고 당장 생계에 타격을 받는 사람들이 생겨나기도 했다. 부작용과 시행착오를 줄이는 것이 국정 운영의 기술이다. 진보 진영이 입증해야 하는 것은 이념의 타당성이나 일관성이 아니라 복잡한 현실 문제를 풀 수 있는 실력이다.

재생에너지 발전량 비중을 2030년까지 20%로 높이겠다는 문재인 정부의 '재생에너지 3020' 정책에 따라 태양광 시설 보조금을 지급하고 생산된 전력을 구입해주는 정책을 펼치면서 태양광 시설 면적이 급증했다. 태양광발전의 효율은 평균 12%로, 수력 80~90%, 화력 45~50%, 원자력 30~40%에 비해 상당히 낮은 편이다. 따라서 사업성을 위해서는 넓은 부지가 필요한데, 국토가 좁고 산지가 많은 우리나라의 지형상 부지 확보가 쉽지 않다. 태양광 보급률을 높이기 위해 산의 나무를 베어내고 패널을 설치하면서 환경파괴와 산사태가 일어나기도 한다. 게다가 수명이 20년 정도밖에 되지 않는 태양광 패널은 생산과 폐기 과정에서 상당한 환경오염을 낳는다. 기술이 발달하면서 패널의 수명이 늘어나겠지만, 현 단계에서 무리한 보급률 확대는 여러 가지 부작용을 낳을 수밖에 없다.

산비탈에 나무들이 잘려나간 자리, 드넓은 들판의 논들이 태양광 패널로 덮이고 있다. 재생에너지 생산 실적을 위해 앞뒤 생각 없이 밀어붙이는 행정 당국과 수익에 목매는 태양광 업체의 이해관계가 맞아떨어졌기 때문일 것이다. 전기도 쌀만큼이나 살아가는 데 필요한 것이지만 과연 이것이 친환경 정책인지는 짚어볼 일이다. 업자나 땅주인 입장에서는 나무농사, 쌀농사를 짓는 것보다 전기농사가 수지가 맞을 것이다. 우리나라 농민의 약 70%에 이르는 임차농은 그동안 평당 약 1천 원의 임대료를 내고 농사를 지어왔는데 태양광 업자들이 평당 6천 원을 주겠다며 지주들을 유혹하면서 많은 임차농들이 농토에서 내몰리고 있다.(농사와 태양광발전을 겸하는 영농형 태양광발전소도 등장했지만 자영농이나 선택할 수 있는 대안이다.)

신재생 에너지 확대라는 에너지 정책 기치 아래 농림부는 할당된 태양광발전 목표량 10GW를 달성하기 위해 드넓은 간척지 농토에 태양광 패널을 설치하고 있다. 2019년 국회에서는 전기사업자가 간척지에 태양광 패널을 손쉽게 설치할 수 있도록 관련 농지법을 개정했다. 간척지의 태양광 설치 기간을 8년에서 20년으로 늘리고, 태양광 설비를 할 수 있는 염해 판정 기준을 완화한 것이다.[2] 그 결과 전라남도 곳곳에 조성된 수십만 평의 간척지가 태양광 패널로 뒤덮였다. 조만간 영산강 하구의 간척지 500만 평도 태양광으로 뒤덮일 판이다.

오마이뉴스 시민기자 최병성은 산이나 논을 망가뜨리지 않고도 태양광 패널을 설치할 수 있는 곳이 많이 있음을 전국을 다니며 찍은 사진들로 보여준다. 고속도로변 경사면과 방음터널 지붕, 산업단지의 공장이나 대형 물류센터 같은 건물 지붕을 활용하면 환경을 해치지 않고도 설비를 할 수 있다는 것이다.[3] 댐이나 저수지의 수면을 활용하는 것도 한 방법이다. 그러자면 행정당국

---

2 절대농지인 간척지에는 태양광을 설치할 수 없지만, 간척지에 남아 있는 염분으로 인해 농사를 지을 수 없는 염해 피해지로 판정되면 태양광 설치가 가능하다.

3 '황금 들판 뒤덮은 검은 물결, 대체 무슨 짓 한 건가', 최병성, 《오마이뉴스》 2021.10.08.

과 국회가 나서서 정책과 법안을 만들고 관계자들이 머리를 맞대야 한다. 당장 실적을 올리는 데 급급해할 것이 아니라 멀리 내다보고 국가의 에너지 정책을 추진할 일이다.

태양광 패널로 뒤덮인 산야를 바라보면서 신재생 에너지 정책을 지지하기란 쉽지 않다. 수백 년에 걸쳐 일구어놓은 논밭의 가치는 당장의 생산성으로 따질 수 있는 것이 아니다. 무논이 하는 기후 조절 역할과 식량 자급 등을 고려하지 않고 태양광발전을 위해 논을 망가뜨리는 근시안적 정책의 후과는 후손들에게 고스란히 돌아갈 것이다. 논밭을 발전소로 만들어 물려준 이 세대를 후손들은 과연 어떻게 평가할까?

농토와 갯벌, 농어민들을 희생시키면서 생산하는 전기가 과연 누구를 위한 에너지인지 생각해볼 일이다. 쿠이 보노^{cui bono}[4] 과연 누가 이득을 보는가? 지금처럼 실적 위주로 태양광 설치가 추진된다면 '원전 마피아'처럼 태양광 마피아 집단이 생겨나지 않으리란 보장도 없다. 도시에서 소비되는 에너지를 생산하기 위해 농토와 자연을 훼손하기보다 도시와 산업단지 안에 태양광 시설을 늘리고, 인근에 소형 원자로를 건설하는 것이 환경 문제나 윤리 면에서도 올바른 방향이 아닐까?

---

4 '누가 이득인가'라는 뜻의 라틴어로, 키케로가 변론 중에 곧잘 던진 질문이었다 한다.

탈원전이 대안일까

체르노빌과 후쿠시마 원전 사고 이후 원전에 대한 경각심이 커지면서 원전 폐기를 주장하는 목소리가 높아졌다. 문재인 정부도 노후 원전을 폐기하고 증설을 억제하면서 신재생 에너지 쪽으로 방향을 틀었지만, 기후위기와 에너지 문제가 발등의 불로 떨어지면서 원전을 둘러싼 논의가 새로운 국면을 맞고 있다. 탈원전을 내세운 문재인 정부 5년간 원전 의존도가 오히려 높아진 것은 아이러니다. 석탄발전을 줄이고 LNG발전 비중을 늘이다가 가스 가격이 급등하면서 원전 가동률이 높아졌다.[5] 최근 우크라이나 사태로 원전 의존도는 더 커질 전망이다.

탈원전 정책을 재검토하는 것은 세계적인 흐름이기도 하다. 원전을 '재생 가능한 친환경 발전소'로 업그레이드하는 신기술 개발이 앞당겨지면서 2050년까지 원전 비중을 유럽연합은 20%, 미국과 영국은 2~3배 늘리기로 결정했다. 올 2월 프랑스 마크롱 대통령은 기존의 탈원전 정책을 폐기하고 '원전 르네상스'를 선언하면서 2050년까지 신규 원전 14기를 건설하고 소형 모듈형 원자로(SMR) 연구개발에 투자해 2030년까지 새로운 원전 모델

---

5 원전 전체 설비 용량 대비 발전량의 비율을 나타내는 가동률은 2017년 71.2%였다가 2018년 65.9%로 떨어진 뒤 2019년 70.6%, 2020년 75.3%, 2021년 74.5%를 기록했다.

을 선보이겠다고 밝혔다. 천연가스의 55%를 러시아에 의존하다 우크라이나 사태 이후 에너지 위기 상황을 맞고 있는 독일을 비롯해 러시아산 에너지에 의존하던 유럽은 에너지 정책을 급격히 수정하고 있다.

원전 문제는 안전 문제로만 접근할 수 없다. 후쿠시마 사태 이후 독일은 원전 폐지를 공식화하면서 국가전력망을 EU 통합전력망과 연계시켜 유사시 전력 부족 사태에 대응할 수 있는 체제를 갖췄지만, 우리는 지정학적으로 그럴 수도 없는 처지다. 에너지 자립체계인 미국 텍사스주는 이태 전 이상 한파로 대규모 정전 사태를 빚으면서 막대한 피해를 입었다. 이상기후는 어디든 닥칠 수 있고, 비상시에 대한 대비가 필요하다. 우기가 길어지면 태양광발전이 힘들고, 풍력발전도 설비 대비 이용률이 20~30%에 지나지 않는다. 따라서 발전 용량의 4~5배 설비를 갖춰야 한다.

일본의 대표적인 진보 사상가인 요시모토 다카하키吉本隆明는 원자력발전의 필요성을 주장하여 환경단체로부터 많은 비판을 받았지만, 문명이 안고 가야 하는 본질적인 위험에 대한 그의 냉철한 인식은 주목할 만하다. 이른바 양식 있는 지식인들은 위험을 후세대에 떠넘겨서는 안 된다고 비판하나, 사실상 인류는 오늘날까지 그렇게 문제를 해결하면서 왔다. 당면한 과제를 해결하는 과정에서 새로운 문제가 생겨나기 마련이고, 후세대가 전 세대의 자산과 부채를 함께 떠안으면서 힘겹게 생존해온 것이 인류의 역사다. 자산만 물려줄 수 있으면 좋겠지만, 그럴 능력이 있는 세대는 존재한 적이 없고 아마 앞으로도 없을 것이다. 후세대 또한 자산만 상속하고 부채를 마다할 수는 없다.

이산화탄소 포집 저장 기술이 개발되어 화력발전소의 환경오염을 줄일 수 있게 되었듯이, 핵연료 폐기 문제를 해결하는 기술도 머지않아 개발될 것이다. 최근 폐연료봉을 4세대 원전의 핵연료로 재활용하는 기술이 한미 연구진에 의해 개발된 것은 그 가능성을 말해준다. 차세대 원전으로 개발되고 있는 소형 원전은 대규모 원전에 비해 건설 비용과 출력 용량이 1/5, 사고 발생률은 1/1000로 알려져 있다. 빌 게이츠와 워런 버핏은 2021년 6월 '미래 에너지산업의 게임 체인저'로 차세대 소듐 냉각 원자로(SFR) 공동 개발을 발표했다.

탄소중립을 이루기 위해서는 탈원전 정책을 이념적으로 고수하기보다 좀 더 유연한 접근이 필요하다. 원자력발전이 원전 마피아 같은 이익집단에 좌우되지 않고 보다 투명하게 관리될 수 있도록 시스템을 개선하는 것이 더 급선무다. 태양광발전 등을 통한 분산형 에너지 생산 시스템이 개인과 지역공동체의 에너지 자립을 위한 대안이 될 수 있지만, 대도시와 대규모 산업단지에 전력을 공급하기 위해서는 보다 안정적인 발전 시설이 요구된다. 신재생 에너지의 수급 불안정을 보완하고 폐연료봉을 안전하게 처리하기 위해서라도 4세대 원전 기술을 서둘러 개발할 필요가 있다.

원자력발전의 궁극적인 대안은 핵융합발전일 것이다. 아직은 연구 단계이지만 20~30년 안에는 상용화될 가능성이 있다. 인공지능과 양자컴퓨터 기술 덕분에 시기가 앞당겨질지도 모른다. 20세기 중반부터 시작된 인류 차원의 프로젝트로, 전 세계의 과학기술자들이 달려들고 있는 분야인 만큼 기대해볼 만한 일이다. 우리나라도 1995년부터 연구 개발에 착수해 핵융합 연구 장치 케이스타(KSTAR)를 가동하고 있다.[6] 일부 환경단체에서는 실현 가능성이 낮은 기술에 한 해 2천억 원의 예산을 쓰는 것이 적절한가 비판하지만, 향후 20년 동안 5조의 예산을 들여 에너지 문제를 해결할 가능성이 조금이라도 있다면 투자해볼 만한 일이다. 설령 성공하지 못한다 하더라도 그 과정에서 기초과학이 발전하고 신기술이 개발될 수 있다.

근본주의자들은 탈문명을 주창하지만, 기술이 빚은 문제를 탈기술로 해결하려 드는 것은 또 다른 위험을 불러올 수 있다. 자연주의는 부족 단위의 사회에서나 가능할 뿐이며, 그 사회가 이상적인 사회도 아니다. 도덕경이 예찬하듯 닭 우는 소리가 들리는 이웃마을과도 왕래하지 않는 고립된 사회는 퇴행하기 마련이다.

---

6 2021년 11월 22일 핵융합 발전이 가능한 섭씨 1억 도의 초고온 플라스마를 30초 동안 유지하는 데 세계 최초로 성공했을 만큼 한국의 핵융합로 기술은 앞서 있다. 300초를 유지하면 기술적 난관을 돌파하는 것이라고 한다.

전기도 자동차도 쓰지 않고 18세기식 생활방식을 고수하는 아미시공동체에서는 인권이나 성평등 같은 가치는 논의 대상이 되지 않는다. 일만 년 전 인류가 농경을 시작하면서 되돌아갈 수 없는 강을 건넌 이상, 지속가능한 문명을 건설하는 것이 우리가 나아갈 방향일 것이다.

인류의 에너지 소비는 점점 늘어날 수밖에 없고, 이는 에너지 절약 운동으로 해결할 수 있는 차원의 문제가 아니다. 세계 인구의 3분의 1을 차지하는 중국인과 인도인들이 미국인이나 한국인들처럼 에너지를 펑펑 쓰지 못하게 막을 명분도 방법도 없다. 앞으로 30년 동안 지구의 기온을 1도라도 낮추기 위해 70억 인류가 힘을 모아야 하는 상황이다. 기후변화를 넘어 기후위기, 기후재앙의 시대를 건너고 있는 인류에게는 이념에 사로잡히지 않는 이성적 판단과 현실적 대안이 필요하다.

(vol. 142, 2022. 7-8)

기후위기를 이념으로 극복할 수 있을까 75

2부
지속가능한 삶을 위한 교육과 실천

학교에서 시작하는 환경교육

한정된 지구호

현재 지구의 나이는 46억 살. 수많은 사람들이 지구호를 타고 우주를 여행하고 있다. 이 여행이 지속되려면 지구호에 탄 사람들 모두 한정된 자원과 에너지를 매우 아껴 쓰는 노력이 필요하다. 이를 위해서 인간의 욕구를 줄이고 최대한 절제하며 살아가야 한다. 그게 지구호에 탑승한 지구인의 윤리이다. 우리는 과연 그렇게 살고 있을까.

신경준 _ 숭문중학교 교사. 환경교사모임과 생명다양성재단 운영위원, EBS 강사로 활동 중이며 중학교 환경 교과서와 탈핵을 이야기하는 책 『탈바꿈』의 필자로 참여했다.

1972년 지구의 유한성 문제를 제기한 로마클럽 보고서 〈성장의 한계〉는 인류의 멈출 줄 모르는 경제성장이 지구 생태계에 파멸을 불러올 것이라고 경고한다. 인류의 생태자원 소비가 지구의 용량을 초과하기 시작한 것은 1970년대 들어서다. 용량을 초과한다는 건 지구 생태계가 지속적으로 공급할 수 있는 것보다 더 많은 자원을 소비한다는 걸 뜻한다. 미국의 환경연구단체인 지구생태발자국네트워크는 매년 그 해에 주어진 지구 생태 용량을 인간이 언제 소진하는지 계산하고 있는데, 2021년 지구 생태 용량 초과의 날을 7월 29일로 발표했다.[1] 지구의 재생력보다 1.75배 많은 자원을 인간이 소비하고 있다는 말이다. 세계 주요국 가운데 미국은 1인당 소비량 한도가 3월 15일로 자원 소비가 매우 심한 편에 속했다.[2] 한국의 초과일은 4월 10일이었다. 한국인처럼 산다면 일 년 동안 3.7개의 지구가 필요하다. 세계 경제 10위의 한국도 환경 선진국으로서의 충분한 책임을 다할 필요가 있다.

산업혁명 이후 자원과 에너지의 과다 소비로 발생한 이산화탄소 때문에 이상기후와 환경문제를 겪으며 지구인들은 이제라도 변화를 꾀하려고 노력하고 있다. 그 일환으로 일상생활에서 사용

---

1 코로나19의 영향으로 2020년 8월 22일로 계산됐던 것에서 한 달가량 당겨져 2019년 (7월 26일) 수준으로 회귀했다.

2 일본은 5월 13일, 중국은 6월 14일로 자원 소비량이 한국보다 적었다. 지구 평균치에 가장 가까운 나라는 브라질로 7월 31일이었다.

하는 모든 자원과 에너지를 줄여 쓰레기가 매립되거나 바다에 버려지지 않도록 하는 제로웨이스트Zero Waste가 널리 알려지기 시작했다. 또한 세계 시민들은 정부의 책임을 요구하며 기후위기 대응 행동을 이어가고 있다. 미국 뉴욕, 캐나다, 호주 시드니, 아르헨티나 등 여러 국가와 도시에서도 기후·환경 비상사태를 선언했다. 프란치스코 교황은 지구라는 공동의 집을 위한 '생태회칙'에 이어 '생태에 대한 죄악' 항목을 가톨릭 교리에 넣는 것을 추진 중이다.

또한 유럽의회는 2019년 기후·환경 비상사태Climate Emergency를 선언하고 행복경제 개념인 웰빙경제를 채택해 국제사회의 시급한 행동 변화를 요구하고 있다. 정책 중심을 '환경'과 '웰빙'에 두고 경제시스템을 구축하려는 것이다. 이런 웰빙경제가 기존 경제정책과 충돌하는 것이 아니라, 오히려 다른 방식으로 경제성장에 도움이 된다고 판단한다. 청소년들 또한 '기후를 위한 결석 시위' 등을 통해 기후위기 대응을 위한 행동을 촉구하고 있다. 대표적인 인물인 그레타 툰베리는 지난해 대안 노벨상이라 불리는 바른생활상The Right Livelihood Awards 수상자로 선정되기도 했다.

학교의 환경교육, 어떻게 하고 있을까

학교교육에서도 변화의 움직임이 보인다. 지구를 위해 환경교육은 어떻게 변해야 할까. 2020년부터 달라진 세계의 환경교육으로는 잉글랜드 노스오브타인 지역에서 모든 국공립학교에 기후변화 담당 교사를 한 명씩 배치한 것이 대표적이다. 이탈리아도 모든 초중고 학교에서 주당 1시간씩 의무적으로 기후변화 교육을 실시하기로 정했다. 핀란드, 미국의 캘리포니아 그리고 호주는 이미 오래전부터 환경 과목이 필수로 자리 잡고 있다.

한국에서도 환경교사모임에서 활동하는 교사들이 각 학교에서 환경과 가까워질 수 있는 활동을 주도하고 있다. 무주 푸른꿈고등학교에서는 학교와 지역에서 생물종 모니터링을 하며 그 과정을 네이처링 애플리케이션에 담았다. 학생들은 일 년 동안 458종의 생물을 관찰하고 기록하며 놀라운 참여를 보였다. 특히 학생들은 지역을 대표하는 곤충인 반딧불이를 직접 찾아나섰고, 지역에 오랫동안 살고 계신 어르신들을 만나 과거와 현재의 반딧불이 개체수가 어떻게 달라졌는지를 물어보았다. 이런 경험들을 통해 학생들은 지역 생물종의 변화를 환경적, 사회·문화적, 정치·경제적인 측면에서 통합적으로 해석하게 되었다.

청주여고에서는 미세플라스틱을 깊이 있게 공부했다. 그 결과를 UCC로 만들어 소개했는데 완성도가 매우 높았다. 학생들은 실험을 통해 화장품이나 세안제에 미세플라스틱이 포함된 제품을 찾아냈고, 이 제품들을 선택하지 않을 것을 함께 다짐하기도 했다. 경기 광주고에서는 교내에서 직접 꿀벌을 기르며 기후변화

생물지표종**3**을 보호하는 활동을 했다.

내가 몸담고 있는 서울 숭문중학교에서는 환경교실을 열어 '미세먼지 프리존'을 완성했다. 아침마다 물 청소를 하고 실내의 팬으로 강제 환기를 하며, 실내정화식물 40여 그루를 가꾸고 있다. 또 교실 안팎의 두 곳에 미세먼지 측정기를 설치해 애플리케이션을 통해 교사, 학생, 학부모에게 공개하고 있다. 환경에 관심이 높아진 아이들은 환경 동아리 활동에도 열심히 참여한다. 그중 '숲속의오케스트라' 팀은 학교 근처 노고산에 올라 자연의 소리를 들어보고, 실제로 그 소리를 직접 자연의 악기로 연주하는 버스킹을 학교 안팎에서 펼쳐 좋은 반응을 얻었다. 매년 '플라스틱 없는 하루'를 주제로 축제도 열었다. 2019년엔 175명의 학생들이 교내 기후행동 캠페인에 직접 참여하며 교사들에게 참여를 권하기도 했다.

나와 우리의 변화

학교에서의 이런 수업은 아이들과 나의 삶을 변화시켰다. 나는 꽃 피는 봄이 되면, 중학생들과 학교 숲에서 꽃과 나무를 관찰

---

3 기후변화로 인해 계절활동, 분포지역 및 개체군 크기 변화가 뚜렷할 것을 지표화해 지속적인 조사·관리가 필요한 생물종.

한다. 그리고 그 기록을 네이처링4 애플리케이션에 남겨 학교 숲 지도를 만들어간다. 2학년들은 학교 숲 생물종 카드를 만들어 1학년 후배들과 학습 내용을 공유한다. '나의 지구를 지켜줘'라는 온라인 게임으로 학교 숲 탐험과 미션을 수행하는 과정에 참여하면서 학생들의 환경 감수성은 전반적으로 높아진다. 그중 한 팀은 마을의 제비집을 관찰한 뒤 제비집을 달아주는 활동을 했고, 다른 팀은 학교 숲에 사는 생물종들을 캐릭터로 만들기도 했다.

숭문발전소에서는 학교 전력사용량을 모니터링해 3년 동안 학교 게시판에 기록했다. 그 결과 2011년부터 3년간 총 27%의 전기를 절약할 수 있었고 우리는 뿌듯함을 느꼈다. 아이들은 탄소라벨을 교실과 각 가정의 전자제품에 부착하며 에너지 절약을 이어갔다. 더 나아가 각자의 집에서 부모님 뒤를 쫓아다니며 안 쓰는 전등을 끄고 플러그를 뽑기 시작했다. 에너지 절약 노래를 만들어 마을행사에서 캠페인을 펼친 결과 에너지자립마을인 서울 마포 염리동에선 주민들의 참여가 확장되기도 했다.

학교 바깥에서도 실천은 이어지고 있다. 환경교사모임은 2013년 '지구촌 전등 끄기' 서울 행사를 진행했다. 그날 행사에선 환경교사모임과 전국에서 모인 2,000여 명의 청소년들이 서울시청, 광화문광장에서 플래시몹과 LED 캠페인을 펼쳤다. 이날 청

---

4 일상에서 만나는 자연을 관찰하고 기록할 수 있는 애플리케이션.

소년들이 진행한 서명과 실천 서약에 약 15만 명의 시민들이 동참했다. 이날 한 시간 동안 서울에서는 23억 원어치의 전기를 절약했다고 한다. 당시 CNN이나 AP통신에도 소개될 만큼 환경교사모임과 청소년 공동으로 영향력 있는 환경프로젝트를 마쳤다. 2021년에는 국가기후환경회의와 함께 '맑은공기새로고침' 챌린지를 진행하고 있다.

나는 '태양의학교'라는 시민단체에서 활동하며 해마다 청소년들과 지구의날 행사를 같이 꾸려가고 있는데, 그중 2017년 '지구의 날, 지구하자' 캠페인이 가장 기억에 남는다. 광화문 광장에서 우리는 지구시민으로서 나무 심기, 쓰레기 재활용, 물 절약하기, 전기 플러그 뽑기, 부채와 선풍기 사용, 냉난방 온도 1도 낮추기, 태양광발전 설치, 대중교통 이용 및 친환경적인 운전을 실천하기로 약속했다. 그날 이후 난 과감하게 자동차를 처분했다. 이런 실천으로 나의 삶은 이전보다 더 행복해졌다.

공공재로서의 환경교육

공동의 이익에 부합하지만 비용을 부담하라면 다들 기피하는 것이 공기, 물, 흙과 같은 공공재일 것이다. 공공재는 사회에 없어서는 안 되는 것들임에도 그 보전에 기꺼이 책임을 지려는 사람은 매우 드물다. 그렇지만 지구는 우리가 쓰고 버리는 일회용품이 아니라 자손 대대로 물려줘야 할 삶의 터전이다.

산업화와 도시화의 긍정적인 면에 집중한 한국은 1980년대 후반을 지나면서 쓰레기 소각장, 유전자 조작 식품, 핵폐기물 처리장, 미세먼지, 기후위기 등의 문제들을 겪기 시작했다. 지구에서 일어나고 있는 다양한 환경문제를 학습자가 환경적, 사회·문화적, 정치·경제적인 관점에서 객관적으로 이해하고 올바른 결정을 할 수 있도록 제대로 된 환경교육이 필요하다.

환경교사들이 다양한 시도를 하며 애쓰고 있지만 안타깝게도 환경과 거리가 멀어지고 있는 도시화와 입시 중심의 교육으로 인해 교육부는 2009년부터 2020년까지 단 한 명의 환경교사도 선발하지 않았다. 전국 50만 명의 교사 중에 34명만 남게 된 환경교사는 멸종위기를 지나 절멸할 상황에 놓여 있다. 세계 주요 국가들이 환경교육에 대해 국가 차원의 계획, 행동, 지침을 마련하고 있는 것과 대조적이다. 유엔이 채택한 지속가능발전목표 달성을 위해서라도 국가 차원의 환경교육 목표와 행동 지침을 시급히 마련해야 한다.

전 세계에 팬데믹 상황을 초래한 코로나19는 자원 개발을 통해 성장해온 지구인에게 던지는 지구의 경고다. 화석연료와 에너지 소비 중심의 경제발전이 낳은 기후변화, 그로 인한 코로나19는 분명 환경의 위협이다. 세계경제포럼World Economic Forum의 〈2020년 세계위험 보고서〉에 따르면 향후 10년 동안 세계가 직면한 가장 큰 위협으로 '급격한 기후변화'를 꼽았으며 기후변화 완화의 실패, 자연재해, 생물다양성 손실, 인간이 초래한 환경재난 등이 그 뒤를 이었다. 또한 낮은 온도에서 잠자던 바이러스들이 기후변화와 함께 깨어나고 있다. 인간이 지금처럼 자연 정복을 이어간다면 새로운 바이러스와의 만남은 계속될 수밖에 없다.

기후위기, 환경재난 시대를 맞이한 지금, 환경교육은 2050년 탄소중립을 목표로 하는 한국을 포함한 전 세계 국가에 꼭 필요한 교육이다. 지금이라도 기후위기의 심각성을 깨닫고 삶을 변화시키기 위한 환경교육을 시작해야 한다. 얼마나 많은 사람들이 빠르게 참여하는가가 아주 중요한 시점이다. 기후위기를 맞은 지구라는 공동의 집에서 우리는 타자와 어떻게 행복하게 살 것인가. 북극곰과 펭귄도 소중한 생명이라는 사실을 자각하고, 그들을 존중하고 보호하며 도우려는 우리의 선한 본성을 되찾아야 할 때다.

(vol, 129, 2020, 5-6)

음식이 지구의 미래를 바꾼다

기후위기와 인류의 삶

2018년 세계보건기구WHO는 2030년부터 2050년까지 기후위기로 매년 25만 명이 사망할 것으로 예측된다고 발표했다.[1] 기후위기로 깨끗한 공기, 안전한 식수, 충분한 식량, 안전한 쉼터 공급이 불가능해지고, 이로 인해 영양실조, 말라리아, 설사, 온열 스트레스 등으로 많은 사람이 사망하게 되리라는 것이다. 세계보건기구는 피해를 최소화하려면 인류가 운송, 식량, 에너지 사용에 있

이의철 _ 직업환경의학 전문의. 유성선병원 직업환경의학센터장. 대한생활습관의학교육원 부원장. 현대인의 만성질환과 기후위기를 해결하기 위해 자연식물식의 중요성을 알리는 활동을 하고 있다.『조금씩 천천히 자연식물식』을 썼다.

어서 현명한 선택을 해야 한다고 매우 심각한 어조로 경고하고 있음에도 아직 많은 한국인에게 기후위기는 폭염, 폭우 정도의 문제로 인식되는 듯하다. 하지만 기후위기는 인류의 생존을 위협하는, 정말 심각한 문제다.

세계 4대 폭포 중 하나인 남아프리카의 빅토리아 폭포는 수년째 이어진 가뭄 때문에 수량이 1970년대의 60분의1 수준으로 감소했다. 이로 인해 물고기들이 말라 죽고, 물고기를 잡아먹고 살던 동물들의 사체가 넘쳐나게 됐으며, 잠비아와 짐바브웨에서는 1,100만 명의 사람들이 기근에 처하게 됐다. 말라 죽고 굶어 죽은 동물들의 운명이 인근 지역 사람들의 미래가 될 수 있는 것이다.

만년설로 덮여 있던 히말라야 산맥도 위기에 처했다. 기온이 상승하면서 이미 30%가량의 만년설이 녹았는데, 21세기가 끝나기 전에 만년설이 완전히 사라질 수도 있다. 만년설이 녹는 것은 멋진 경치가 사라지는 정도의 문제가 아니다. 만년설이 녹으며 생겨난 물은 황하, 양쯔강, 갠지스강, 인더스강, 메콩강으로 흘러든다. 이 물을 농업 및 생활용수로 사용하며 살아가는 사람들이 14억 명에 달한다. 앞으로 수십 년에 걸쳐 만년설이 사라지면 과연 어떤 일이 벌어질까?

미국의 기후위기 연구단체인 '클라이밋 센트럴climate central'은

---

1 www.who.int/news-room/fact-sheets/detail/climate-change-and-health

2050년이 되면 해수면 상승으로 3억 명의 사람들이 일 년에 한 번 이상 침수 피해를 입고, 1억 5천만 명은 (만조를 기준으로) 해수면 아래에서 살게 될 것으로 전망했다. 클라이밋 센트럴 홈페이지에서 전 세계 곳곳의 피해 예상 지역을 확인할 수 있는데 유독 한국에 대한 표시가 없다.[2] 그린피스 서울사무소가 같은 방법으로 데이터를 분석해 2030년이 되면 남한의 5%가 물에 잠기고, 332만 명이 직접적인 침수 피해를 입을 것이라 예측했다. 침수 예상 지역에는 김포공항과 인천공항을 비롯한 국가기관 시설과 항만, 화력 및 원자력 발전소, 제철소 등이 포함되어 있다.

이외에도 기온 상승으로 건조해지면서 자연발생 화재도 증가하고 있는데, 수개월간 꺼지지 않던 미국 캘리포니아와 호주 산불이 대표적이다. 물론 한국도 안전하지 않다. 지난 10년간 한국의 산불 발생 건은 연평균 474건이었지만, 2017년 이후 2020년까지 산불 발생 건수는 692건, 496건, 653건, 620건으로 평균을 상회하고 있다. 기후변화에 따라 한국에서도 얼마든지 대규모 산불이 발생할 수 있는 것이다. 인류의 생존과 지속가능성을 위해서 온실가스 배출 감소와 기후위기 완화에 힘을 보탤 수 있다면, 아무리 사소한 것이라도 놓치지 말고 챙겨야 하는 상황이다.

---

2 https://sealevel.climatecentral.org/maps (Coastal Risk Screening Tool: Map By Year).

기후위기와 육식

2019년 8월 IPCC는 〈기후변화와 토지Climate change and Land〉라는 특별보고서를 발표했다.[3] 실질적인 기후위기 대응을 위해 현재의 토지 이용 방식, 농업 구조, 인류의 식단을 획기적으로 전환할 것을 촉구하는 이 보고서에서는 전 세계 사람들이 완전채식vegan diet으로 식단을 바꿀 경우 80억 톤의 온실가스를 줄일 수 있을 것으로 추정했다. 2016년 배출된 온실가스가 493억 톤인 것을 감안하면, 동물성 식품을 먹지 않는 것만으로 약 16%의 온실가스를 줄일 수 있는 것이다.

많은 사람들은 육식이 온실가스와 무슨 관련이 있는지 쉽게 이해하지 못할 것이다. 온실가스는 주로 석유나 석탄과 같은 화석연료 사용 때문에 발생한다고 생각하기 때문이다. 하지만 IPCC는 인간에 의해 발생하는 온실가스 중 23%는 농축산물 생산과정에서 발생하고, 농축산물 생산 전후로도 26~52억 톤이 발생하므로 세계 식량 시스템에 의해 배출되는 온실가스가 인위적 온실가스 순배출의 21~37%에 달한다고 추정했다. 즉, 에너지 생산에 화석연료를 사용하지 않고 모든 운송수단을 전동화하더라도, 현

---

3 2019: Climate Change and Land: an IPCC special report on climate change, desertification, land degradation, sustainable land management, food security, and greenhouse gas fluxes in terrestrial ecosystems.

재 인류의 식습관과 농업 관행이 바뀌지 않으면 21~37%에 달하는 온실가스는 계속해서 배출된다는 것이다.

1961년 이후 전 세계인의 1인당 육류 섭취가 2배로 증가했다. 육류 섭취 증가는 사육하는 가축 수 및 방목지의 증가, 콩과 옥수수 등 가축사료용 작물 재배를 위한 농경지 증가로 이어진다. 이로 인해 현재 인류가 경작하는 농경지의 77%가 가축 사육을 위해 사용되는 상황에 이르렀다.

만약 전 세계 사람들이 동물성 식품 섭취를 멈춘다면 축산을 위한 농경지 77% 중 70%가량을 자연으로 되돌릴 수 있다. 농경지가 숲이 되고 생물종 다양성이 향상되면서 공기 중의 이산화탄소를 더 많이 흡수하고 저장할 수 있게 된다. 식물은 광합성을 통해 대기 중 이산화탄소를 흡수하는데, 그 양이 무려 112억 톤에 달한다. 인간이 배출한 온실가스의 상당 부분을 식물들이 흡수해 준 덕분에 그나마 대기 중 온실가스가 급격히 증가하는 것을 면할 수 있었던 것이다.

하지만 현재 전 세계인의 동물성 식품 섭취는 지속적으로 증가하고 있다. 한국만 하더라도 지난 50년간 육류 섭취는 15배, 우유 및 유제품 섭취는 48배, 생선은 5배, 달걀은 8배, 식물성 기름 섭취는 50배쯤 증가했다. 한국뿐만 아니라 경제력이 향상된 저개발국가에서도 동일한 현상이 관찰되고 있다. 가축의 방목지 혹은 사료용 작물을 재배하는 농경지를 확보하기 위해 아마존 밀림을 파괴하면서, 밀림이 흡수했을 이산화탄소가 그대로 대기 중에 남고, 땅에 저장되었던 이산화탄소는 대기 중으로 방출되고 있다. 이렇게 숲을 파괴함으로써 증가한 이산화탄소는 인류가 배출하는 이산화탄소의 10% 정도를 차지한다.

한편 축산업에서 배출되는 온실가스 중 메탄은 주로 가축이 내뿜는 방귀, 트림, 분뇨에서 발생하고, 아산화질소는 사료 작물을 재배하기 위해 과량으로 투여되는 질소 비료와 분뇨 퇴비에 의해 발생한다. 메탄과 아산화질소가 온실효과에 미치는 영향은 각각 이산화탄소의 28배, 256배로 소량이라도 기후위기에 미치는 영향이 매우 크다. 숲이 파괴되면서 증가한 이산화탄소와 축산에 의해 발생한 메탄과 아산화질소를 모두 감안하면, 현재 인류가 동물성 식품을 먹는 과정에서 배출되는 온실가스가 전체의 15~20%를 차지한다는 주장이 이해가 될 것이다. 우리가 선택하는 음식이 지구의 생태적 변화에 최소 20% 정도 영향을 미치는 것이다.

분뇨와 다제내성균

축산업은 기후위기에만 영향을 미치지 않는다. 특히 한국의 경우 다른 어느 나라보다 가축들을 밀집해서 사육하고 있는데 그로 인한 문제가 만만치 않다. 가령 주요 유럽 국가들은 1헥타르

(약 3천 평)에 소 2.3~6.25마리, 돼지 5.1~25마리까지만 사육하도록 제한하고 있지만, 한국은 소 781~1,162마리, 돼지 12,500마리까지 사육할 수 있다.[4] 이렇게 극단적으로 차이가 나는 이유는 유럽 국가는 가축 분뇨를 토지가 감당할 수 있는 수준으로 관리하기 위해 사육 밀도를 제한하고 있지만, 한국은 2011년까지 가축 분뇨에 대한 규정이 없다시피 했기 때문이다. 그 전까지 한국은 가축 분뇨를 바다에 버려왔지만 2012년 국제사회의 압력에 의해 가축 분뇨 해양투기가 전면 금지되면서 토지와 지하수, 하천의 분뇨 오염이 급격히 증가하기 시작했다. 게다가 2012년 완공한 4대강 사업으로 인해 하천의 유속이 느려지고, 기후변화로 인한 기온 상승까지 맞물리면서 4대강의 '녹조라테' 현상이 해가 갈수록 악화되기 시작했다. 지금까지 '녹조라테'의 원인으로 4대강 사업이 주목을 받았지만, 가축 분뇨가 강으로 유입되어 질소와 인이 증가하지 않았다면 상황이 이렇게 심각해지지는 않았을 것이다. 한국은 OECD 국가 중 토양에 질소와 인을 가장 많이 배출하고 있다.

전 세계에서 가장 높은 한국의 사육 밀도는 가축에게 항생제를 가장 많이 사용하는 현실과 연결된다. 가축에게 사용한 항생제는 소변과 대변을 통해 배출되는데, 그로 인해 4대강에서는 여

---

4 축산법 시행령 제14조 및 제14조의2 관련. [별표1]

러 가축용 항생제가 검출되고 있다.[5] 결국 우리는 식수를 통해 극미량이지만 지속적으로 가축용 항생제를 섭취하고 있는 것이다. 극미량의 지속적인 항생제 섭취가 인체에 미치는 영향에 대한 연구가 아직은 많지 않지만, 장내미생물에 미칠 영향을 감안하면 무시할 수 없는 문제이다.

가축에게 과도하게 사용하는 항생제는 '다제내성균'이라는 또 다른 문제도 일으킨다. 분뇨를 통해 배출된 항생제에 의해 토양과 지하수, 하천에는 항생제에 내성이 있는 균들만 살아남게 된다. 그로 인해 항생제에 내성인 균이 축산노동자나 축산물 혹은 축사 주변 환경을 통해 퍼져나갈 수 있는 상황이 됐다. 2018년 발표된 보고서에 의하면 매년 국내에서 매년 9,000여 명이 다제내성균에 감염되고, 그중 3,900여 명이 조기 사망하는 것으로 알려져 있다. 다제내성균 감염의 주요 원인으로 무분별하게 사용되는 가축 항생제가 지목받고 있다.[6]

책임감 있는 음식 선택, 기후미식

한국에서 '음식을 선택한다는 것'은 취향이나 선호도의 문제

---

5 환경부, 〈환경 중 의약물질 노출 실태 조사〉, 2007.

6 질병관리본부, 〈국내 항생제 내성균 감염에 대한 질병부담 연구〉, 2018.

정도로 취급된다. 동물성 단백질에 대한 왜곡된 정보와 혼란스러운 각종 건강정보 때문에 건강한 식단을 실천하기도 어려운 상황이다. 하지만 기후위기가 인류의 생존을 위협하는 시대에 우리는 음식을 선택할 때 그것이 기후와 환경에 미치는 영향에 대해 고민하지 않을 수 없게 됐다. 다행히도 인간의 건강에 좋은 식단과 지구의 건강에 좋은 식단이 거의 완벽하게 일치한다. 환경을 위한 음식 선택은 개인에게도 건강이라는 보상을 선사한다.

원칙은 아주 간단하다. 가능한 한 동물성 식품과 식용유, 설탕을 식단에서 배제하고, 통곡물과 다양한 식물성 식품으로 식단을 구성하는 것이다. 하지만 이미 한국인의 식단에는 지속가능한 한계를 넘어설 정도로 동물성 식품이 많다. 전 세계 사람들이 지금의 한국인처럼 먹는다면 2.3개의 지구가 필요하다.[7] 아마존 밀림과 숲이 파괴되고, 기후위기로 지구촌 곳곳이 가뭄, 홍수, 산불, 물 부족, 해수면 상승에 시달리지 않기를 바란다면, 우리의 땅과 지하수, 하천이 가축의 분뇨와 가축 항생제, 다제내성균으로 오염되지 않기를 바란다면 보다 책임감 있게 음식을 선택해야 한다. 나는 음식을 선택하는 이런 태도를 '기후미식'이라 이름 붙이고 싶다. '기후미식'은 온실가스를 적게 배출하면서 즐길 수 있는 음식을 준비하고 접대하는 기술을 뜻한다.

---

7 EAT, Diets For a Better Future, 2020. (www.thelancet.com/commissions/EAT).

네덜란드 영양센터는 2016년 발표한 식이 가이드에서 세계 최초로 육류를 섭취 제한 음식으로 규정했다. 육류는 일주일에 2회, 생선은 주 1회만 섭취하고 단백질은 주로 식물성 식품으로 섭취할 것을 권했다. 지금까지는 음식을 먹는 사람의 건강만 고려했지만, 기후위기 시대에는 음식이 생산, 유통, 소비, 폐기되는 전 과정의 환경부담과 공정무역 요소까지 고려하기 시작한 것이다. 2019년 발표한 캐나다 식이 가이드에서도 음식이 환경에 미치는 영향을 생각해 우유를 필수 식품에서 제외하고, 단백질은 식물성 식품으로 섭취하도록 권하고 있다. 한국을 비롯한 더 많은 국가에서 음식이 환경에 미치는 영향까지 고려한 식이 가이드가 발표되길 기대한다. '기후미식'은 지구에서 함께 살아가는 모든 사람에게 필요한 기본 에티켓이다.

(vol. 138, 2021. 11-12)

생태적 도시 만들기

기후재난 시대, 지구에서 살아남기

2020년 2월, 제주에선 22도가 넘는 고온현상이 일어났고, 4월엔 저온현상으로 인한 냉해, 6월엔 불볕더위가 찾아왔다. 7~8월 54일간의 긴 장마로 인한 물난리 끝에 9월에는 열흘간 세 개의 태풍이 지나갔다. 도시 사람들은 변덕스런 날씨 때문에 우울했을지 모르지만 시골에서 농사짓는 사람들은 그야말로 대재앙을 겪었다. 기후'변화'라는 말로는 담아내기 어려운 기후'재난'의 시대

유희정 _ 전환마을은평 대표이자 퍼머컬처 디자이너. 소란이란 별명으로 전환마을 은평활동, 퍼머컬처, 숲밭, 풀학교 등에서 활동하며 마을에서 생태적인 삶을 살기 위해 동분서주하고 있다.

가 일상이 되어가고 있다.

　미래에는 훌륭한 과학자가 나타나 탄소포집기술을 개발하여 온실가스를 감축할 수 있는 획기적인 기술을 마련할지도 모른다. 하지만 과잉 배출된 탄소를 없앨 수 있는 과학기술은 아직까지 없다. 인류 역사에서 대기 중 이산화탄소 수치는 약 280ppm 이하로 유지되고 있었다. 그러나 산업사회 이후 그 수치는 400ppm에 이르렀고 지구온도는 1.2도 상승했다. 과학자들은 비극적인 결과로 치닫게 될 한계온도 1.5도를 넘지 않으려면 이산화탄소 수치를 350ppm 정도까지 낮춰야 한다고 말한다.

　이미 배출된 온실가스인 탄소를 가두고 산소를 뿜어낼 수 있는 방법은 과학기술이 아니고도 이미 우리에게 있다. 탄소를 원래 있던 흙으로 돌려보내는 것이다. 흙은 탄소를 머금을 수 있는 최고의 저장소다. 하지만 오염된 토양은 탄소를 가두는 저장량에 한계가 있기 때문에 무엇보다도 '땅심'을 살리는 것이 중요하다.

도시 가로수 정책으로 미세기후 만들기

　한국인의 91.7%가 살고 있는 도시에도 기후의 위험이 도사린다. 특히 서울의 아스팔트와 콘크리트 포장률은 70%에 이른다. 콘크리트로 뒤덮인 도시는 햇볕이 내리쬐면 열을 반사해 기온이 교외보다 높아지는 '열섬' 현상이 발생한다. 도시의 평균기온은 주변 지역과 비교해도 1~3도 더 높다. 이를 근거로 세계보건기구는 2030년에는 무더위로 인한 사망자가 연간 10만 명에 이를 거라 예측한다. 아마 2050년에는 그 수치가 두 배쯤 오를 것이다.

콘크리트 피복은 홍수의 위험도 높인다. 한 도시의 포장 면적이 전체 면적의 35%를 넘으면 기온 상승효과가 더욱 강해지고, 빗물을 배수할 땅이 줄어들기 때문에 홍수 위험이 13% 높아진다. 정원이나 녹지처럼 빗물이 스며들 수 있는 면적이 20%만 줄어도 비가 내리는 동안 포장도로를 타고 흘러가는 물의 양은 두 배나 증가한다.

도시의 열섬과 대기오염을 줄이기 위해서는 식물이 필요하다. 잔디보다는 작물이나 나무가 도시의 열을 식히는 데 더 도움이 된다. 이런 방법으로 미세기후Microclimate[1]를 조정할 수 있다. 강수량의 60%는 바다에서 발생하는 대기후[2]의 영향을 받지만, 물을 흡수해 뿜어내는 식물의 증산작용을 포함한 미세기후로 발생하는 비도 40%나 된다. 울창한 숲에선 맑은 날씨에도 식물의 증산작용으로 비가 내리고 온도가 내려간다. 미세기후를 만드는 나무와 식물과 토양이 많아지면 특정 지역의 온도는 대기후의 영향을 덜 받게 되는 것이다. 다양한 도시농업이나 먹거리 숲밭forest Garden

---

1 땅과 직접 접한 대기층의 기후.
2 지상 1.5미터 높이 이상에서 관측되는 기후.

으로 도시에 미세기후를 만들어낼 수 있다.

미세기후가 발생하는 공원의 나무그늘은 최고 6도까지 온도를 떨어트릴 수 있다. 그러나 공원에서 300m만 떨어져도 증산효과를 느낄 수 없다. 열을 뿜어내는 포장도로와 시멘트 건물을 지나면서 공기가 바로 데워지기 때문이다. 도시의 열섬 현상을 줄이기 위해서는 한 곳에 넓은 공원을 조성하기보다 좁은 면적의 녹지를 여러 곳에 모자이크처럼 조성해야 한다. 소규모 탄소 저장 녹지를 골목마다, 빌딩 사이마다 만들어야 한다.

또한 도로 주변에 가로수를 (한 그루씩 띄엄띄엄 심는 것이 아니라) 여러 겹으로 심어 약 2미터 폭의 숲길을 조성하면 자동차 배기가스와 건물 난방시설에서 뿜어져 나오는 미세먼지(PM2.5 기준)를 줄일 수 있다. 또한 나뭇잎들이 미세먼지를 빨아들이고 떨어진 나뭇잎은 그 먼지를 흙으로 흡수시키는 거대한 탄소저장길 역할을 할 수 있다. 서울의 경우 대부분의 가로수가 활엽수이기 때문에 겨울에는 미세먼지와 탄소를 흡수하지 못한다. 측백나무나 향나무, 잣나무 같이 왁스층이 두꺼워 미세먼지 흡착력이 좋은 상록 침엽수를 섞어 심는 것도 좋은 방법이다.

도시 공유지와 생태농업

1970년대 중반, 호주에서 '퍼머컬처Permaculture'라는 농법이 제시되었다. 오일쇼크와 베트남전쟁으로 인류문명의 존립이 흔들렸던 시기에 새로운 생태농업이 하나의 해법으로 등장한 것이다. 퍼머컬처는 화학비료나 농약이나 제초제를 쓰지 않고, 땅을 갈아 엎지 않고, 종 다양성을 최대한 살려서 농사를 지으며 부산물은 땅에 다시 돌려주는 방식으로, 흙을 자연재료로 피복하여 흙에 저장된 탄소가 다시 배출되지 않도록 한다.

최근엔 코로나19로 난관에 처한 유럽 사회가 기후위기를 극복하는 하나의 방안으로 퍼머컬처를 주목하고 있기도 하다. 지난해 팬데믹 상황에서 당선된 프랑스 파리의 시장은 파리를 생태적인 도시로 만들겠다고 선언했다. 대규모 건설 사업을 폐기하고 도시텃밭이나 먹거리 숲밭을 동네 곳곳에 만들고 자전거나 도보로 15분 안에 이동할 수 있는 범위에서 삶이 이루어지도록 도시를 재편하겠다는 것이다. 이를 위해서 무엇보다도 생태거점을 많이 만들고 도시의 먹거리 자급률을 높이겠다고 선언했다. 탄소발자국을 줄이면서도 도시 안에 안전한 삶터를 구성하겠다는 것이다. 코로나19가 강타했던 영국도 슈퍼마켓의 진열대가 텅 비는 등 먹거리 수급에 어려움을 겪었을 때 도시농업 그룹과 전환마을 그룹이 만든 도시텃밭과 공유지가 먹거리 수급에 크게 도움이 되었다고 한다.

도시의 탄소발자국을 줄이기 위해서는 무엇보다 먹거리 자급률과 에너지 자급률을 높여야 한다. 과학자들은 화석연료가 고갈된 후 먹거리가 안전하게 공급되기 위해서는 도시에서 적어도 10%의 먹거리를 생산하고 도시 근교에서 20%가 공급되어야 한다고 말한다. 특히 도시민의 20%는 자신이 사는 곳의 마당과 옥상, 베란다에서 적어도 20%를 자급해야만 먹거리를 안전하게 수급할 수 있다.

기후위기로 자원이 고갈되고 에너지가 부족해지면 중앙 집중 시스템에만 의존해온 사람들은 큰 고통을 겪게 될 것이다. 재난 사회에서는 가까이서 서로를 도울 수 있는 공동체가 무엇보다 중요하다. 공동체는 장소-사람-노동의 유기적 상호작용에 의해 만들어지기 때문에 공동체를 복원하려면 무엇보다 공유지가 지역 사람들의 활발한 교류와 함께 필요하다. 그러자면 마을의 생산지이자 마을사람들을 연결하는 공유지로서 도시텃밭이나 도시농업이 무엇보다 중요하다.

기후위기, 먹거리 위기를 극복할 수 있는 생태도시를 만들기 위해 도시농부 육성, 도농직거래 활성화, 플라스틱 포장재 감축, 채식문화 확산 등을 추진할 수 있다. 내가 활동하는 '전환마을은평'에서는 '밥풀꽃'이라는 로컬푸드 채식 식당을 운영하고 있는데, 도시농부들이 직접 생산한 농산물을 식재료로 쓰며 도시도 생산지가 될 수 있다는 것을 증명해내고 있다. 지난해부터는 코로나19로 일자리를 잃거나 지병이 있는 분들 집으로 도시락을 배달하고 있다.[3] 독거노인이나 환자의 경우 비정기적인 일자리

마저 줄어 약값과 월세를 감당하기 어려운 분들이 많았는데 일주일에 두 번씩 집을 방문해 안부도 살피고 도시락도 배달하니 건강이 좋아지셨다고 한다. 무엇보다 외로움과 불안에서 벗어나 큰 위안이 되었다고 좋아하셨다.

우리는 이미 해법을 가지고도 마치 과학기술이 우리를 구원할 것처럼 기후위기 문제를 직면하지 않고 있었다. 자연을 파괴했기 때문에 기후위기가 도래했고, 그로 인해 코로나19 같은 전례 없는 재난이 발생했다면 우리는 무엇을 해야 할까? 전례 없이 자연을 회복시키고 안전한 공동체를 복원하기 위해 온 힘을 쏟아야 한다. 이미 답을 알고도 우리는 편리와 성장에 중독되어 답을 피하고 있는지도 모른다. 이제는 의식의 대전환으로, 성장보다는 생태적 전환을 택해야 할 때다.

(vol. 133, 2021. 1-2)

---

3 도시락을 가져갔다가 다음 배달할 때 되가져오는 방식이라 쓰레기가 생기지 않는다.

탄소중립을 꿈꾸는 동네

_ 서울 동작구 성대골에너지전환마을을 찾아서

기후·에너지 위기는 더 이상 피할 수 없는 우리의 현실이다. 이 문제를 해결하려면 탄소중립은 선택이 아닌 일상이 되어야만 할 것이다.

서울시 동작구 상도3, 4동. 약 2만 5천 가구가 모여 사는 이곳에는 탄소중립을 실현하기 위한 에너지커뮤니티 '성대골에너지전환마을'이 있다. 2010년, 마을 인근에 학교가 없다는 문제의식을 바탕으로 주민들이 힘을 모아 어린이 도서관을 만들었다. 공연, 축제, 워크숍 등의 문화활동과 함께 작은 초등학교 만들기를 추진하던 중 맞닥뜨린 2011년 3월 후쿠시마 핵발전소 사고는 마을운동의 전체 방향을 선회하는 결정적 계기가 된다.

복잡한 도시 서울에서 10년째 에너지전환 활동과 기후위기 교육을 이어가는 김소영 대표를 만나 이야기를 들었다. _ 편집실

도시에서 꾸려가는 에너지전환 운동

성대골에서 에너지전환 활동을 시작한 지 10년째입니다. 이야기를 나누고 있는 이곳 '대륙서점'이 활동의 거점 공간인가요?

이곳의 정식 명칭은 '성대골탄소중립전환센터'예요. 2011년에 마을 어린이도서관이 문을 연 직후, 후쿠시마 핵발전소 사고가 터졌어요. 제 삶을 각성하는 계기가 됐죠. 관장이었던 제가 에너지 문제에 관심을 두다 보니 도서관 행사도 에너지 관련 내용으로 기획하고, 도서도 환경 관련 위주로 구입을 했어요. 운영위원회에서 불만이 나올 수밖에 없었죠.

　이 동네에서 에너지전환을 고민할 수 있는 거점을 별도로 마련해야겠구나 싶었어요. 그래서 만든 게 '에너지슈퍼마켙'[1]이에요. 원래 이곳은 35년 된 동네 서점이었는데요. 대륙서점이라는 간판도 그대로 사용하고 있어요. 동네에서 오래된 서점의 이름으로 탄소중립을 이야기하는 것도 큰 의미가 있다 싶어서요.

'에너지슈퍼마켙'이라는 아이디어는 어떻게 나오게 되었나요?

1　슈퍼마켙의 '켙' 받침 'ㅌ'는 에너지의 'E'를 연상시키기 위해서라고 한다.

처음 운영위원들과 이름을 정할 때 슈퍼마켙이란 이름이 제일 인기가 없었어요. 슈퍼마켓은 유통을 하잖아요. 다들 생산을 해야 한다고 생각한 거예요. 예를 들면 적정기술처럼 에너지를 절약하기 위해 무언가를 만들어내야 한다고 말이죠. 그런데 제 생각에는 어설프게 뭔가를 만들면 오히려 쓰레기가 될 가능성이 높은 거예요.(웃음) 목공을 배워서 책상을 만든다고 하면 희소성은 있겠지만, 대량 판매하는 곳에서 사오는 게 가격이나 시간 면에서 훨씬 효율적이에요. 동네에서 화석연료 안 쓰려고 가구 만들고 남은 자투리 원목으로 난로를 뗀 적 있어요. 그런데 머리가 너무 지끈지끈한 거예요. 알고 봤더니 화학도료을 칠한 원목이었어요. 어설픈 생산자보다 차라리 플랫폼 역할을 하는 게 낫겠다는 생각이 들었어요.

에너지슈퍼마켙의 역할은 시장경제가 '전기를 아껴야 한다'는 생각으로 돌아갈 수 있게 장을 열어주는 거예요. 전기를 아끼려면 뭔가를 실천해야 한다는 소비자층이 생기겠죠? 그들의 욕구를 채워줄 공급자도 필요하고요. 에너지슈퍼마켙은 에너지전환을 위한 소비자와 공급자를 만들고, 양쪽을 아우르는 역할을 해요. 운영은 협동조합 방식으로 주민, 기술자, 시민단체 활동가 등 다양한 사람들을 모아 서른네 명의 조합원으로 출발했어요.

높은 인구 밀도와 빠른 생활 속도, 정주 의식이 별로 없는 대도시 한복판

에서 에너지전환 활동을 한다는 게 쉽지는 않을 것 같아요

초기만 해도 제 주변에는 에너지전환에 관심이 있는 주민이 한 명도 없었어요. 도서관 운영위원들도 환경도서 구매나 에너지 관련 행사를 반대하는 경우가 많았으니까요. 현재 상도3, 4동을 합치면 약 2만5천 가구 정도 되는데 봄, 가을이면 전입, 전출이 30~40%에 달하죠. 도시에선 조건에 맞춰 이사를 다닐 수밖에 없으니까요. 그래서 에너지전환 활동에 참여하는 주민의 수 역시 정확히 헤아리기가 어려워요. 성대골에너지전환마을이라고 하니까, 전통적인 마을을 생각하시는 분들이 있는데 그럴 수는 없는 환경이에요.

하지만 도시일수록 에너지전환 운동을 해야 해요. 도시에 사는 2%의 인구가 온실가스의 60%를 배출한다는 연구결과가 있어요. 수도권에서 에너지 문제를 해결하지 못하면 기후위기 상황은 더 어려워지는 거예요. 후쿠시마 핵발전소 사고 당시 방사능 섞인 비가 온다, 바람 타고 방사능이 한국으로 넘어온다 같은 소문이 돌던 때에 사람들을 설득하기 시작했어요. 환경단체에 도움을 요청하기도 하고요. 에너지전환 문제가 제게는 너무 절박하게 다가왔어요.

10년 전에는 기후위기라는 말을 거의 쓰지 않았어요. 에너지전환이라는

말도 막연했을 것 같고요. 주민들과 어떤 방식으로 기후위기와 에너지전환에 대해 이야기 나눴는지 궁금합니다.

연구자들이 조사를 해보니까 2011년부터 2016년까지 이 마을에서 강좌가 수백 번 열렸다고 해요. 에너지 관련 교육을 자주 열고, 환경영화제나 에너지축제 같은 동네 단위 행사를 10년간 지속하다 보니까 일반 주민들에게도 '이 동네에 에너지 관련된 뭔가가 있다'는 것 정도는 알려진 것 같아요.

2012년에는 근처 중학교에서 에너지 관련 활동을 시작하기도 했어요. 녹색 아카데미를 진행하면서 마을절전소를 세우고 그 결과를 공유하고 싶다고 인근 학교에 메일을 보냈죠. 그때 연결된 곳이 국사봉중학교예요. 저는 수업만 몇 번 하고 싶다고 한 건데, 학교에선 1년 과정의 환경동아리를 만들겠다는 거예요. 일이 이렇게 커질지 몰랐어요.(웃음) 그렇게 만들어진 환경동아리가 '국사봉중학교 절전소 만들기'예요. 목표는 학교 안에 발전소를 만드는 거였어요. 지금도 매주 목요일마다 학생들을 만나고 있어요. 2015년에는 협동조합을 만들어서 학교 구성원이 교육청에서 옥상을 빌려 태양광 에너지를 생산하고 있어요. 학교 내부 구성원이 직접 빌린 건 국내에서 유일할 거예요.

지역 학교와 함께하는 기후위기 대응

<u>인근 중학교에 무작정 연락해 에너지전환 활동을 제안했다는 점이 놀라워요. 국사봉중학교에서 어떤 활동을 했는지 더 자세히 알려주세요.</u>

2012년부터 환경동아리에서 에너지전환 수업을 시작했고, 2014년에는 서울시 에너지자립마을 사업 예산의 일부를 2학년 정규 수업활동에 지원했어요. 6개 반에서 일주일에 한 번, 1년간 수업을 진행하며 저에너지 생태건축이나 사회적경제 같은 주제를 수업에서 다루었죠. 그때 2평 정도 되는 생태에너지전환 카페를 직접 만들어보기도 했어요. 사회적경제 수업으로 협동조합이 설립되는 계기를 만들기도 했고요. 2015년에 창립된 국사봉중 사회적협동조합에서 생태에너지전환 카페도 운영하고 학교 옥상을 임대해 태양광 발전 사업도 진행하고 있어요. 그 수익금은 지역사회 에너지복지 기금으로 사용하기도 하고요.

협동조합을 운영하면서 학교 구성원들도 공동체 의식이 생긴 거 같아요. 다른 학교로 전근간 선생님들, 졸업한 학생들도 조합원으로 학교 소식을 공유하죠. 수익금을 어디에 쓰면 좋을지 의견도 내고요. 현재 전교생의 3분의2 이상이 협동조합 조합원이에요. 3년 동안 국사봉중학교에서 지내다 보면, 사회적 경제가 무엇인지 자연스럽게 체득할 수 있겠죠.

공교육에서도 기후위기 교육을 강조하고 있어요. 유럽 국가들에 비하면 상당히 늦은 감이 있는데 어떤 방향으로 나아가야 할까요?

시작 단계라고 해서 유럽에서 30년 전에 했던 기후위기 교육을 할 수는 없어요. 플러그 뽑는 것부터 가르칠 수는 없다는 거죠. 우리에게 남은 시간을 진지하게 따져보고 그 시간을 기준으로 책임 감과 계획을 갖고 해야 할 일들을 정해야 해요. 현재 자동차 산업 에선 화석연료 자동차를 생산하지 않는 방향으로 가고 있잖아요. 프랑스 파리는 화석연료 자동차는 시내에 들어오지 못하게 하는 정책을 기한을 두고 시행하고 있고요. 앞으로 자동차의 시대는 끝났다는 것을 아이들에게도 예고를 해야 돼요. 탄소사회에서 자동차를 살 생각을 했다면 이제는 어떤 자전거를 살까를 고민해야죠. 생활 설계 자체가 바뀌어야 해요.

쓰레기 문제 같은 경우도 제로웨이스트 숍을 견학하는 정도로 끝나면 안 돼요. 일상 자체가 제로웨이스트가 되어야죠. 앞으로 '장바구니 없이는 장을 볼 수 없구나' 생각해야 하는 거예요. 마트 포장재 문제도 해결해야 하고 전통시장에서도 낱개 판매를 해야 해요. 미리 바구니에 담아 두지 말고, 한 알에 얼마인지 알려주면 되는 거예요. 흠집 있는 건 안 사려고 하니까 임의로 배분해놓는 건데, 그런 방식 자체를 다시 생각해볼 필요가 있어요. 청소년 들에게 이런 과정을 가르치면, 소비자로서 상인들에게 요구할 수 있어요.

외부에 의존해야 하는 식량 문제도 아이들에게 알려줄 필요가
있어요. 현재 유기농이나 자연농법으로 생산된 식량은 가격이 비
싸기 때문에 결국 양극화를 초래할 수밖에 없거든요. 먹거리 외
에 아이들이 관심 있는 패션 부분도 꼭 짚어야 할 분야예요. 패
션 산업은 소재, 제조, 유통, 판매, 폐기 등 전 과정에서 환경오염
이 많이 발생해요. '이번 겨울엔 옷 사지 않기' 등 구체적 약속을
하는 것도 좋겠죠. 탄소 배출량을 '0'으로 만들어야 하는 시기가
2050년이니까 이제 29년 밖에 남지 않았어요. 여유 있게 교육할
단계가 아니라고 생각해요.

청소년과 함께하는 기후위기 교육

현재 에너지전환 관련해서 청소년들과 어떤 수업을 하고 있나요?

성대골에는 '우리집그린케어'라는 동네 기술자 네트워크 협동조
합이 있어요. 작년에 이분들이 청소년 대상으로 동네 기술학교
수업을 했어요. 청소년들에게 자기 집을 실측한 뒤 설계도를 그
리게 했죠. 우리 집 전등이 LED인지, 수도꼭지는 몇 개고 절수기
는 설치되었는지, 친환경 보일러인지, 창문은 이중창인지 등을
확인하게 했어요. 작년에는 열쇠, 타일, 배관, 페인트, 전기 등의

기술을 가진 동네 기술자들이 강사로 참여했고, 219명의 청소년이 이 수업에 함께했죠.

<u>청소년기후소송단의 물꼬를 트는 역할도 하셨지요?</u>

2018년 6·13 지방선거 때 국사봉중학교에서 아이들과 환경 공약 관련 수업을 했어요. 교육감부터 시장, 구청장 후보의 공보물을 다른 지역구 것까지 최대한 모아서 아이들에게 기후변화, 미세먼지, 에너지나 환경 관련 공약이 있으면 형광펜으로 표시해보라고 했죠. 1시간 정도 찾았는데 하나도 없었어요. 그래서 두 번째 시간에는 공약을 직접 만들어보는 수업을 했어요. 조별로 서울시장 후보를 한 명씩 뽑아서 당명을 정하고 환경, 에너지 쪽으로 공약을 세 개 정도 만들어 발표를 했죠. 그때 정말 기발한 내용이 많았어요. 에너지 운동하는 어른들보다 낫다는 생각이 들었죠. 마지막으로 미국의 청소년 기후소송 사례를 소개하니까 아이들이 말도 안 된다고, 우리나라는 보호자들 때문에 절대 못한다고 해요. 어느 엄마가 자기 아이를 재판에 원고로 내보내겠느냐는 거죠.

수업을 마치고 너무 속상했어요. 우리가 아이들을 어떻게 길렀나 싶었죠. 알고 지내던 활동가들에게 연락해서 우리나라도 청소년 기후소송을 하자 제안했어요. 여기저기 수소문해 뜻이 맞는

20여 명의 어른들이 모였고 청소년기후소송 포럼을 캠프 형식으로 열었더니 50명이 참가했어요. 지금 청소년 기후소송단 활동을 하고 있는 청소년들도 그 캠프를 인연으로 만나게 됐어요. 이후에 독립해서 지금은 주도적으로 기후소송을 진행하고 있죠.

탄소중립을 향한 구체적 실천

에너지전환 활동을 위해 영국 토트네스나 독일 프라이부르크 같은 전환마을에도 다녀오셨지요. 어떤 것들을 느끼셨나요?

여기저기 다녀봐도 전 세계적으로 성대골 같은 곳을 찾기가 어렵더라고요. 오히려 중국, 대만, 홍콩, 일본 같은 아시아에서 여길 방문했고 네덜란드, 영국의 기후 특사도 다녀갔어요. 대도시 한복판에 에너지 커뮤니티가 있다는 것 자체가 희귀한 일인 거죠. 정치나 행정을 하는 사람들도 찾아와서 "성대골은 주민들이 스스로 필요한 걸 알아서 만들고 운영한다더라" 하는데 사실 국가와 행정이 책임져야 하는 일이 마치 주민들의 바람직한 선의로 비춰지는 건 맞지 않아요. 필요해서 우리가 주도적으로 해결하고는 있지만, 국가 차원에서 해야 하는 일을 주민들에게 떠맡겨놓고 "성대골 견학가봐라" 하는 건 아니죠.

영국이나 독일의 전환마을에 갔더니 농업, 사회, 정치 등 거의 모든 부문에서 전환을 시도하는 시나리오를 준비하고 있었어요. 생각만 바꾸는 게 아니라 우리가 알고 있는 역사관, 세계관, 가치관, 신념까지 전부 바꿔야 하는 일이라는 거죠. 탄소를 줄이려면 일일 생활권이어야 하니까, 물류유통 관련 법도 바꿔야 하는 상황이고요.

탄소중립을 실제로 이루기 위해 꼭 필요한 정책이 있다면 무엇일까요?

탄소중립에 필요한 실질적인 데이터를 만들어내는 게 중요해요. 그래야 책임지고 실천할 수 있는 목표를 세울 수 있으니까요. 탄소중립을 하겠다고 말은 하지만 여전히 막연한 부분이 많잖아요. 아주 작은 단위까지 정보를 공개할 때 단계적으로 움직일 수 있어요.

우리 동네 탄소 배출량이 어떤지, 동네에 어느 정도의 먹거리가 들어오고 배출되는지 분명하게 알면 다른 동네와 비교할 수 있어서 어떤 실천이 필요한지 생각해볼 수 있어요. 청소년에게 하는 기후위기 교육도 2050년까지 탄소중립을 해야 한다는 이론을 전달하는 게 아니라, 수치로 정량화해서 얼마만큼의 변화를 만들어내야 하는지 수치로 정량화해서 가늠할 수 있어야 한다고 생각해요. 그래야 청소년도 자신들의 에너지전환 활동이 어떤 의미인지 체감할 수 있지 않을까요. 이 모든 실행 방안들은 온라인에서 국민들과 공유할 수 있어야 하고요.

얼마 전 뉴스에서 경남 지역에 비가 시간당 88mm 가까이 와서 거리에 차들이 잠겨 둥둥 떠다니는 장면을 봤죠. 기후위기란, 시간당 비가 그보다 더 많이 내릴 수도 있다는 걸 뜻해요. 비가 한꺼번에 많이 내리지 않기를 바라는 것이 아니라 최대한 그 상황을 버틸 수 있게 서둘러서 인프라를 구축해야 하는 거죠. 기후위기가 더 심각해지는 것을 막기 위한 '감축', 그럼에도 점점 기후이변이 발생하는 것을 대비하는 '적응' 정책이 동시에 필요합니다.

탈탄소사회로 나아간다는 건 더 불편해지는 걸 각오해야 하는 길이에요. 쓰레기를 만들어내지 않는 일상, 15분 생활권 등 내 삶의 방식을 완전히 바꿔야 하는 일이기 때문이에요. 탄소중립을 실제로 이루려면 모든 일상에서 탄소를 배출하지 않는 방향을 선택해야 한다는 걸 꼭 기억하면 좋겠어요.

(vol. 137, 2021. 9-10)

버리는 대신 살리는 삶

_ 제로웨이스트(Zero Waste) 실천 사례

코로나19로 미세먼지는 줄었지만, 쓰레기가 늘었다. 배달음식, 택배, 일회용품 사용 등의 급증이 원인이다. 코로나19가 아니더라도 쓰레기 문제는 이미 우리가 감당할 수 있는 수위를 넘어섰다. 2018년 기준, 국내에서 배출되는 평균 쓰레기양은 1인당 929.9그램으로 약 1킬로그램에 달한다.[1] 서울, 경기, 인천의 쓰레기 매립지로 쓰이는 제3매립장은 하루에 1만 2천 톤의 쓰레기를 반입하고 있다. 그러나 이곳도 2024년 11월이면 포화 상태가 될 것으로 예상한다.

기후위기와도 맞물려 있는 쓰레기 문제는 국내뿐 아니라 전 세계적으로도 심각한 상황이다. 지구상의 누군가는 쓰레기로 뒤덮인 지역에서 삶의 터전

---

1 그중에서 재활용이 가능한 자원은 1인당 306.52g, 전체 쓰레기의 약 3분의 1 정도다.
한국환경공단 '제5차 전국 폐기물 통계조사' (2018.05)

을 잃거나 온갖 질병에 노출된 채로 살아가고 있다. 2017년에는 에티오피아 한 마을에서 쓰레기 산이 무너져 48명이 숨지는 일이 발생했고, 남태평양 해역을 떠도는 쓰레기더미는 250만km², 남한 면적의 15배에 달한다. 코에 빨대가 꽂힌 채 피를 흘리는 바다거북이나 그물에 몸이 감긴 채 죽은 고래, 죽은 아귀의 위장에서 나온 페트병⋯. 쓰레기의 위협은 사람만이 아니라 해양 생물들에게도 치명적이다.

이에 일상에서 사용하는 자원이나 물건을 다시 쓰거나 쓰레기를 줄이는 제로웨이스트Zero Waste 운동이 확산되고 있다. 2000년대 초반에 시작한 이 운동은 위기에 처한 지구의 지속가능성을 생각하는 사람들의 실천으로 이어지고 있다. _ 편집실

쓰레기 없는 소비가 가능할까?

쓰레기 문제는 소비와 떼려야 뗄 수 없다. 생산자와 소비자가 분리된 현대 사회에서 소비하지 않고는 살 수 없지만, 덜 사고, 덜 버리는 생활은 가능하다. 쓰레기를 줄이는 첫 걸음은 덜 사고 덜 버리는 것이다. 그중에서도 플라스틱을 최대한 사용하지 않는 '플라스틱 프리'는 누구나 쉽게 실천할 수 있는 방법이다.

개인이 아무리 노력하더라도 이미 상품이 포장재에 담겨 있다면 쓰레기는 고스란히 소비자의 몫으로 남는다. 물건의 공급 단계에서부터 쓰레기를 줄이는 일이 선행되어야 한다. 서울 마포구에 위치한 망원시장에는 비닐봉지를 줄이기 위해 시장 안에 장

바구니를 비치했다. 이 장바구니는 전국에서 기부 받은 에코백을 활용한 것으로 망원시장에서 장을 보는 사람이라면 누구나 이용할 수 있다. 빌린 장바구니를 반납하면 망원시장과 인근의 협약 상점에서 현금처럼 쓸 수 있는 200모아(200원)를 돌려준다. 또한 별도의 용기나 장바구니를 가져와 장을 본 소비자에게는 친환경 소비를 격려하는 의미에서 100모아를 지급한다.

친환경 세제나 샴푸, 곡물, 야채류 등을 판매하는 서울 성동구의 '더피커'에서는 포장 단위로 상품을 판매하지 않아 가져온 장바구니와 그릇에 필요한 만큼만 물건을 담아갈 수 있다. 도시에서 제로웨이스트를 실천하고 싶은 젊은 층 사이에 인기가 좋다. 그 외에도 쓰레기를 줄이려는 시도로 '채우장'이 있다. 채우장은 일회용품을 사용하지 않는 서울 마포구의 카페 '보틀팩토리'에서 한 달에 한 번 여는 마켓이다. 소금이나 깨와 같은 식재료부터 치약, 화장품 등을 포장 없이 판매한다. 채우장에서 물건을 사려면 반드시 담아갈 용기를 가져와야 한다.

온라인 과일가게 '공씨아저씨네'의 쓰레기 줄이기 실천도 눈에 띈다. "친환경 농산물을 판매한다면서 반환경적인 포장재를 함께 판매하는" 것이 불편했던 공석진 대표는 디자인 회사 '저스트프로젝트'와 협업해 소비자가 먹고 난 사과즙 파우치와 빨대를 다양한 소품으로 업사이클링해 돌려주는 이벤트를 진행했다. 장기적으론 '포장할 때 완충재 한 개 덜 넣기'의 원칙을 택했다. 가능하면 과일 포장을 최소한으로 하되, 썩지 않는 포장재로 교체하는 방식으로 쓰레기를 줄이려는 실천을 이어가고 있다.

비슷한 고민을 하던 충남 홍성의 '논밭상점'도 지난 4월 예산 홍성환경운동연합과 함께 '아이스팩 여기 버려주세요' 캠페인을 벌였다. 안 쓰는 아이스팩을 보내주면 깨끗이 소독해 지역의 농산물 꾸러미 배송 등에 다시 쓰겠다는 단순한 발상이었지만, 하루 만에 400개가 모일 만큼 큰 반향을 일으켰다. 버리자니 아깝고 놔두자니 쓰지 않는 처치 곤란 아이스팩은 누군가의 참신한 아이디어로 새로운 쓸모를 찾았다.

소소하지만 이런 실천들은 쓰레기 문제를 '함께 고민하는 사람들이 있음'을 확인하며 문제해결의 가능성을 높인다는 점에서 큰 의미가 있다.

변화를 이끄는 주체적 실천

경북 포항의 '쓰맘쓰맘'은 쓰레기 문제를 해결하기 위한 엄마들의 주체적 모임이다. 쓰맘쓰맘 구성원들은 스스로 '쓰레기에 맘 뺏긴 쓰레기 구출맘'이라 부른다.

이들은 2018년 1월 중국의 폐기물 수입 규제로 인한 쓰레기 대란과 필리핀으로 불법 수출된 한국산 쓰레기 반송 문제를 보며 사태의 심각성을 느꼈고, 함께 고민할 수 있는 모임이 필요하다고 생각했다.[1] 시작은 업사이클링 모임이었다. 첫 활동은 한겨레 《베이비트리》에서 안 쓰는 책가방을 다른 나라의 아이들에게 보내는 '반갑다 친구야' 캠페인에 참여한 것이다. 두 번에 걸쳐 열 상자를 보냈다. 자주 쓰는 신용카드에 '일회용품을 거절한다'는 문구를 넣은 스티커를 붙이거나 빈 물티슈 봉투에 손수건 여러 장을 넣어 사용하는 아이디어는 지역에서도 화제가 됐다. 그 외에 장난감을 교환하는 장터를 열기도 하고 먹거리나 생필품 등을 구매할 때 플라스틱을 전혀 쓰지 않는 장터를 열기도 했다.

2019년 5월부터는 시민들과 함께 포항의 칠포해수욕장, 신항만 해변 등에서 쓰레기를 줍고 있다. '해변쓰레기 줍기'는 쓰맘쓰맘 회원들이 꾸준히 하는 활동 중 하나다. 이들은 해변으로 밀려오는 쓰레기를 주우며 미세 플라스틱 문제의 심각성에 대해서도 생각해볼 수 있었다고 한다.

쓰레기 문제를 개인의 실천을 넘어 제도적 변화로 이끄는 이들도 있다. '정치하는엄마들'의 환경보건팀 '벌레먹은사과'는 2019년 가을, 추석을 앞두고 대형마트와 백화점에 선물용 과일 포장에 쓰이는 플라스틱 포장재를 종이 소재 포장지로 바꿀 것을 요구했다. 이에 응답해 일부 백화점은 2020년 설 연휴부터 선물용 과일 포장지를 종이 소재로 바꾸기로 하는 등 변화를 보였다.

---

1 '쓰레기에 맘 뺏긴 엄마들이 있습니다' 《오마이뉴스》, 2020년 2월 3일자.

벌레먹은사과 팀은 연초마다 열리는 여러 지자체의 풍선 날리기 행사에서 발생하는 쓰레기 문제도 지적했다. 이 팀은 현재 전국 64개 지자체를 무단투기 및 폐기물관리법 위반으로 신고한 상태다. 일부 지자체에서 '친환경 풍선'이라며 억울함을 호소한 것을 보면[2] 당장은 바뀌지 않더라도, 그동안 관습적인 행사를 진행해온 문화가 조금은 바뀌지 않을까 예측해볼 수 있다.

제로웨이스트에 이제 막 관심을 가졌거나 함께 실천할 수 있는 이들을 만나고 싶다면 '쓰레기덕질[3]' 온라인 커뮤니티에서 유용한 정보를 얻을 수 있다. 쓰레기덕질은 온라인 플랫폼 '빠띠 Parti'의 커뮤니티 중 하나로 쓰레기 관련 주제에 맞는 하위 모임으로 나뉘어 있다. 제로웨이스트를 실천하는 방법부터 쓰레기 관찰기, 컵 보증금제 캠페인 프로젝트, 컵 줍기 등 쓰레기 분야의 다양한 주제를 들여다보고 실천에 참여할 수 있다. 쓰레기덕질의 특징은 온라인만이 아니라 주제에 따라 오프라인에서도 활동한다는 점이다. 온·오프라인 활동을 긴밀하게 연계해, 쓰레기에 대한 관심으로 모인 자발적 커뮤니티답게 '덕질'의 의미를 잘 살려가며 쓰레기 문제를 해결하고 있다.

---

2 생분해성 플라스틱 인증 조건은 약 60℃에서 6개월 내에 플라스틱이 90% 이상 분해되는 것으로 실제 자연환경에서는 이 조건을 충족하기 어렵다는 결과가 나왔다.

3 https://zero-waste.parti.xyz/parties

덜 버리는 소비 습관 만들기

일 년 동안 1리터의 쓰레기를 배출하는, 놀라운 실천으로 주목받은 『나는 쓰레기 없이 살기로 했다』의 저자 비 존슨은 가정에서 쓰레기를 줄이기 위해선 다섯 단계가 필요하다고 말한다. "필요하지 않은 것은 거절하기, 필요하고 거절할 수 없는 것은 줄이기, 거절하거나 줄일 수 없는 것은 재사용하기, 거절하거나 줄이거나 재사용할 수 없는 것은 재활용하기, 그리고 나머지는 썩히기." 정리하면 '거절하기' '줄이기' '재사용하기' '재활용하기' '썩히기'다. 이 다섯 가지 단계를 늘 염두에 두기만 해도 생활 속에서 발생하는 쓰레기양을 확 줄일 수 있다.

값싸고 가벼운 플라스틱은 영리한 인간의 위대한 발명품이다. 썩지 않는 쓰레기 문제를 풀어가야 할 것도 그것을 만들어낸 인간의 몫이다. 인간이 만든 문제를 인간 스스로 해결하기 어려운 순간이 찾아오기 전에 지금 당장 우리가 할 수 있는 일이 무엇인지, 해결을 위해 어떤 힘을 보탤 수 있는지 더 깊이 고민해볼 필요가 있지 않을까.

(vol. 129, 2020. 5-6)

청소년이 정치를 해야 하는 이유

"이건 아니라고 생각합니다. 제가 이 위에 올라와 있으면 안 돼요. 저는 대서양 건너편 나라의 학교에 있어야 합니다. 그런데 여러분은 희망을 바라며 우리 청년들에게 오셨다고요? 어떻게 감히 그럴 수 있나요? 여러분은 헛된 말로 저의 꿈과 어린 시절을 빼앗았습니다. (…) 사람들이 고통 받고 있습니다. 죽어가고 있어요. 생태계 전체가 무너져 내리고 우리는 대멸종이 시작되는 지점에 와 있습니다. 그런데 여러분이 하는 이야기는 전부 돈과 끝없는 경제성장의 신화에 대한 것뿐입니다. 도대체 어떻게 그럴 수 있습니까?"

박소민 _ 대안학교 입학을 위해 서울에 온 후 다양한 사람들을 만나면서 다채로운 삶을 꾸려가고 있다. 환경문제와 동물권을 이유로 비건을 지향하며, 당사자로서 청소년 이슈에도 관심이 있다.

2019년 9월 23일, 유엔 기후행동 정상회의에서 환경운동가 그레타 툰베리가 단호하면서도 정리된 어투로 연설했다. 그 영상을 본 것은 정말 우연이었다. 그의 이야기를 듣는 내내 나는 머리를 한 대 얻어맞은 느낌을 받았다. 4분간의 연설을 넋 놓고 본 후 그에 대해 찾아봤을 때 그가 나와 같은 해, 같은 달에 태어난 동갑내기라는 걸 알게 되었다. 우연히 만난 그가 못 견디게 반가운 순간이었다.

변화하는 지구별에서

2018년 중학교 졸업 후, 고등학교 입시 대신 비인가 대안학교 입학을 준비했다. 사회가 말하는 '정상성'의 범주에서 벗어나는 시기였다. 대안학교 입학 지원서를 쓰면서 남들과 다른 비주류의 길을 잘 걸어보겠노라고 수십 번 다짐했지만, 사실 겁이 나는 건 어쩔 수 없었다. 책상 앞에 앉아 수학 공식과 영단어를 달달 외우고 좋은 성적만 받으면 더 나은 미래가 보장될 거라고, 중학교 3년 내내 그렇게 생각했다. 그 생각을 부정하지 못하면서도 그렇다고 내키지 않는 공부를 계속 붙들고 있기는 싫었다. 결국 고등학교 진학을 포기하고 선택한 것은 서울의 한 여행학교였다.

그 학교에서는 수학 공식을 달달 외우지도, 좋은 성적을 위해 문제를 풀지도 않았다. 그 대신 나와 다른 삶을 사는 이들의 인생을 들여다보고, 세상 돌아가는 이야기에 귀를 기울이며 관심을 가졌다. 이를테면 환경이나 젠더 이슈, 동물권, 사회적으로나 역사적으로 소외되고 차별받는 이들의 이야기가 그랬다. 그중에서도 기후위기는 내가 학교를 다니는 동안 가장 많이 듣고, 읽고, 말한 주제였다.

네팔에선 지진으로 건물이 무너져 내렸고, 몽골에선 사막화로 땅이 말라 갈라졌으며, 호주에서는 거대한 산불로 수많은 동물들이 목숨을 잃었다. 북극의 빙하가 녹아 삶의 터전을 잃어가는 북극곰 문제는 단순히 북극곰만의 문제가 아니었다. 지구의 온도는 갈수록 높아졌고, 이대로라면 내가 청년이 되었을 무렵의 지구는 다시는 회복할 수 없는 구렁텅이에 떨어져 있을 터였다. 기후위기는 단순히 조금 더 더운 여름과 조금 더 추운 겨울에서 그치지 않았다. 건물 안에서 에어컨을 켜고 내 방에서 보일러를 돌리면서 모른 척할 수 있는 문제가 아니었다.

지금껏 그 누구도 내게 말해주지 않았던 병든 지구의 현실을 마주했을 때의 기분은 사실 꽤 암담했다. 처음엔 믿고 싶지 않은 마음도 들었다. 폭염으로 많은 독거노인과 야외 노동자가 사망했다거나, 고래가 플라스틱 쓰레기를 잔뜩 먹고 죽어 해변에 밀려 왔다거나, 해수면 상승으로 섬나라의 주민들이 난민이 되어 떠돈다거나. 세상 곳곳에서 들려오는 소식들을 자주 들여다보니 더는 남의 일처럼 느껴지지 않았다.

그즈음 학교에서 크리스 조던 감독의 다큐 〈알바트로스〉를 보며 바다에 버려진 플라스틱 쓰레기를 먹고 죽어가는 생명들을 마주했다. 아무리 채식을 실천하고 플라스틱 사용을 지양한다고 해도, 사람들이 길거리에 아무렇게나 버린 일회용 컵을 볼 때면 내가 지구에 몹쓸 짓을 하는 것처럼 마음이 불편했다. 내 개인적인 실천으로는 붉은 별 지구가 단번에 푸른 별로 바뀔 가능성이 없었다. 그레타 툰베리의 연설을 봤을 즈음엔 그러한 이유로 무기력증을 앓던 시기였다.

그랬기에 그의 단단한 목소리가 내겐 그렇게 반가울 수 없었다. 그는 아무것도 할 수 없을 것이라고 생각하던 나를, 이대로 손 놓고 구경만 할 수 없다며 다시 일으켜 세웠다. 그도 나처럼 바뀌지 않을 것만 같은 세상에 우울감을 느끼던 때가 있었지만 무엇이든 해보자는 마음으로 매주 금요일마다 등교를 거부하고 기후위기 대책 마련을 촉구하는 시위를 시작했다.

툰베리 혼자 시작한 시위는 전 세계적인 환경운동으로 퍼져나갔다. 그는 "학교에 가서 배움의 시기를 통해 과학자나 엔지니어가 되면 환경문제를 해결할 수 있다"고 말하는 영국 총리 메이에게 "지난 30년을 낭비한 사람은 정치인들"이라고 답했다. 그의 말이 맞았다. 끝없는 경제성장에 대해서만 이야기하며 지난 30년을 낭비한 어른들에게 더는 우리의 미래를 맡길 수 없었다. 툰베리처럼 나도 내가 할 수 있는 일을 찾아야 했다.

청소년과 참정권

학교에서 기후위기를 주제로 매주 강의를 들었는데, 전 국립 기상과학원장 조천호 교수님이 오신 적이 있다. 온실가스로 지구의 온도가 점점 높아지고 있는데, 빙하가 녹고 영구동토층이 녹을수록 햇빛은 지구에서 빠져나가시 못하고 온실가스는 더 많아져 몇 십 년 뒤에는 지구 스스로 온도를 높일 거라고 말씀하셨다. 그때는 사람이 무슨 짓을 해도 지구를 다시 원상태로 돌려놓을 수 없다는 것이다. 남은 시간은 고작 십 년이었다. 한 친구가 질문했다. 시간이 얼마 남지 않았다는 게 명백한 지금도 사람들은 경각심을 갖지 않고 쉽게 바뀌지 않는다고, 이대로는 지구가 회복 불가 상태가 될 때까지 아무것도 할 수 없는 것이 아니냐고. 조천호 교수님은 잠시 고민하다 이렇게 답하셨다.

"사람이 가진 능력 중에 가장 뛰어난 게 뭔지 아세요? 바로 이야기를 만드는 거예요. 우리가 만들어야죠. 커다란 전환이 절실한 이 시대를 단번에 바꿔낼 수 있는 기가 막힌 이야기를 만들어야죠. 사람들의 마음을 움직이고 무엇이든 바꾸게 만들어서 지구를 다시 안정적인 상태로 돌려놓을 수 있는, 그런 기막힌 이야기 말이에요. 저는 그걸 믿어요. 시간이 없고 희망이 잘 보이지 않는다고 마냥 손 놓고 있을 수는 없잖아요."

기막힌 이야기를 만들어낼 수 있는 건 과학자들이고, 그 이야기를 근거로 정책을 만들고 전환을 시도할 수 있는 건 정치인들이라는 생각이 들었다. 그리고 그런 정치인을 만드는 건 국민들의 몫이었다. 국민으로서, 미래를 살아가야 할 사람으로서 내겐 지구의 몸살을 방관하지 않을 정치인이 필요했다. 하지만 청소년인 내게는 정치에 참여할 수 있는 권리가 없었다. 기후위기에 대응할 정책을 내놓는 정치인에게 표를 던질 수도, 정당에 가입할 수도 없는 것이다. 투표권이 없는 청소년은 정치인의 정책에 대해 그 어떤 영향도 줄 수 없었다. 청소년의 정치 참여에 대해 알아보면서 더 암담했던 것은, 일반학교에서는 특정 정당에 관한 동아리를 개설하거나 특정 정치인을 지지하는 발언을 하는 것까지 전부 금지되어 있다는 사실이었다. 뿐만 아니라 어떤 학교는 학생의 정치적 활동을 감시하기도 했다. 학교 이미지에 손실을 줄 수 있다는 게 이유였다.

무엇보다 정치에 관심 있는 청소년을 찾는 것이 힘들었다. 중학생 때 선생님들은 가족이나 친한 친구와도 함부로 이야기해선 안 되는 것이 정치라고 가르쳤고, 정치는 정치인들의 몫이니 학생은 학생답게 열심히 공부하라고 말했다. 그 때문에 중학교 시절에는 나 또한 정치에 관심이 전혀 없었다. 대안학교에 입학하고 나서야 세상 이야기에 관심을 가지면서 정치 참여의 중요성과 필요성을 느꼈다.

하지만 일반 고등학교에 입학한 친구들은 여전히 정치는 정치인들의 몫이요, 학생은 학생의 본분을 다하라고 배우고 있었다. 당장 대학 입시 문제집을 붙들고 사느라 정책이고 뭐고 관심 가질 겨를이 어디 있느냐고 말하는 친구도 있었다. 그 친구의 말이 조금 답답하면서도 이해될 수밖에 없었다.

부모 따라 투표한다?

최근 몇 년 간 청소년 참정권은 떠오르는 이슈 중 하나였다. 오랫동안 주장해온 만 18세 선거권이 지난 연말 국회를 통과했고, 녹색당은 과감하게 만 16세 선거권을 주장하고 있다. 정치에 전혀 관심 없는 청소년도 있지만, 나처럼 정치에 관심을 갖고 있는 청소년들도 분명히 있다. 우리는 청소년 정치 간담회에 참여하거나 '청소년'이라는 키워드를 내걸고 각종 행사나 모임을 열며 적극적으로 청소년 정치 참여에 대한 의사를 밝혔다. 나는 이러한 변화가 기뻤다. 실질적으로 선거권과 피선거권이 주어지진 않았지만, 정치참여 의사를 표명하고 싶어 하는 청소년이 늘어난다는 것, 많은 진보 정당들이 청소년 참정권에 동의한다는 것만으로도 우리 사회가 청소년의 목소리에 조금씩 관심을 갖기 시작했다는 느낌이 들었다.

물론 이런 변화를 부정적으로 보는 이들도 있다. 누군가는 '청소년이 선거권을 갖게 되면 부모 따라 투표할 거'라고 말한다. 여성이 선거권을 갖게 된 지는 이제 겨우 백 년이 조금 넘는다. 참정권을 위해 목숨을 걸고 투쟁하던 여성들에게 누군가는 '여성이 선거권을 갖게 되면 남편 따라 투표한다'며 찬물을 끼얹었다. 당시 여성을 주체적인 개인으로 보지 않던 사회에서 통용되던 논리였다. 여성을 남성의 소유물로 여겼고, 그 때문에 정치에 참여할 가장 기본적인 권리를 갖기도 너무나 힘들었던 것이다.

오늘날의 청소년도 마찬가지 아닐까 싶다. '청소년이 선거권을 가지면 부모 따라 투표한다'는 주장은 청소년을 주체적인 개인으로 보지 않는 사회의 부끄러운 단면을 보여준다. 노동자는 노동자를 위하는 정치인에게 투표를 하고, 여성은 여성 정책을 내놓는 정치인을 지지하며, 복지가 필요한 이들은 복지 정책에 힘쓰는 정치인에게 표를 던진다. 사회를 살아가는 모든 이들이 개인의 위치에서 본인에게 도움이 되는 정책을 펴는 정치인을 지지하는 것이 당연하다. 사회 구성원에게 주어지는 참정권은 정치인들이 어떤 정책을 내야 좋을지 판단하는 기준이 되며, 어떤 정책을 추진할 때 정치인을 감시하는 역할을 하기도 한다.

그런데 참 아이러니하다. 투표권이 없는 청소년들은 사회문제는커녕 자신들과 직접 관련된 정책에도 왈가왈부할 수 없는 것이 너무도 이상하지 않은가. 교육법도, 학생인권 보장도, 청소년 복지도 전부 당사자가 아닌 비청소년들이 정책을 내고 추진하며 실행한다. 이 기이한 현상에 나는 이의를 제기하고 싶다. 청소년을 주체적인 개인으로 봐달라고, 청소년 당사자들이 직접 정책을 논하고 정치인을 지지할 수 있는 권리를 갖게 해달라고 소리치고 싶다. 청소년들에게는 정치인들이 우리의 권리를 마음대로 좌지우지할 수 없게 정치에 적극적으로 관심을 갖자고 말하고 싶다.

내가 정치를 하고 싶은 이유

요즘 들어 청소년 활동과 환경 운동에 적극적인 내게 엄마는 이런 말씀을 하셨다. '피 끓는 청춘'이라는 시기가 정말 있는 것 같다고. 80년대 민주화 운동도 대학생들의 목숨 건 싸움으로 이루어졌다고 들었다. 엄마와 이모는 그 행렬에서 피 터지게 싸우면서도 때때로 울고, 웃고, 기뻐하고, 환호하는 20대를 보냈다고 했다. 어릴수록 세상의 부조리와 불의에 대해 무언가 바꾸고자 하는 열망이 바로 '피 끓는 청춘'이라나 뭐라나. 엄마는 내가 딱 그럴 시기라고 생각하시는 듯했다. 세상엔 바꾸고 싶은 일투성이고, 적어도 내가 살아갈 미래는 남의 손에 맡기고 싶지 않아 하는 시기 말이다. 기후위기, 입시 전쟁, 청소년 인권 등 수많은 의제에 맞서 싸우는 최전선에 '내'가 있어야 한다고 느꼈다.

과학자들은 지금처럼 온실가스를 배출한다면 지구가 다시는 회복할 수 없는 구렁텅이에 빠지게 될 것이라고 말한다. 그 최악의 상황까지 30년도 채 남지 않았다. 우리의 앞 세대가 인류의 발전이라는 명목으로 지구를 망가뜨려왔다면, 나를 비롯한 앞으로의 미래세대는 병든 지구를 책임져야 하는 상황인 것이다.

매년 반복되는 폭염과 혹한, 태풍과 산불 등의 자연재해, 빙하의 감소와 해수면 상승, 생태계의 붕괴, 여러 동물종과 식물종의 멸종, 전염병의 확산, 식량부족과 기아, 기후난민의 증가… 지구도 인류도 처음 겪는 이 사태는 '위기'임에도 위기로 인식되지 않고 있다. 기후비상사태를 선포하고, 에너지 정책을 바꿔 석유와 석탄의 사용을 중단하고, 화석에너지와 핵에너지를 재생에너지로 전환하고, 탄소세를 도입하는 등 정책으로 해결할 수 있는 대안은 이미 준비되어 있다. 이제는 이 준비를 실행할 정책과 시민들이 필요하다.

앞으로 미래를 꾸려나갈 시민 중에서도 청소년은 이 대안과 정책을 적극적으로 실현할 미래세대가 될 것이다. 올해 4월 15일 총선에서는 선거 연령 하향으로 만 18세 새로운 유권자들이 등장했다. 이를 시작으로 청소년들이 정치에 참여할 기회가 더욱 많아진다면 청소년 당사자들이 우리의 미래를 위해 할 수 있는 일도 많아질 것이다. 기후위기에 초점을 맞춘 교육도 시행할 수 있을 것이고, 채식 선택권을 보장해 더 많은 학교에 채식 급식을 제공할 수도 있을 것이다. 앞으로 우리가 어떤 세상을 살아갈지에 대해 공부하는 것, 내가 추구하는 가치에 따라 스스로의 삶을 꾸릴 수 있는 것은 내가 가장 중요하게 생각하는 삶의 요소다.

툰베리에게서 시작된 10대 청소년들의 기후위기 운동은 세계를 긴장시켰다. 나는 '피 끓는 청춘'만이 가질 수 있는 열정과 에너지를 믿는다. 우리의 미래는 우리가 설계한다. 내가 정치를 하고 싶은 이유다.

(vol. 129, 2020. 5-6)

기후정치가 필요하다

세계 곳곳에서 기후위기로 인한 재난이 발생하고 있다. 인간과 동물은 터전을 잃고 이주를 해야 하거나 열악한 환경 속에서 조용히 목숨을 잃기도 한다. 지속 불가능한 세상에 대한 위기감으로 목소리를 높여온 '청소년기후행동'은 2021 대선을 앞두고 '모두의 기후정치'라는 이름으로 이 시대에 필요한 기후정치가 무엇인지 짚고, 실천 방안을 시민들에게 제안했다. 코림, 벼리로 불리는 두 활동가를 만나 기후정치에 대한 이야기를 들었다. _편집실

청소년기후행동(youth4climateaction.org)은 기후위기의 심각성을 인식한 청소년들의 작은 모임에서 시작되었다. 2019년 3월 전 세계 청소년 기후운동 연대인 '미래를 위한 금요일(Fridays For Futurue)'과 함께한 결석시위를 시작으로 기후헌법소원 청구, 글로벌 기후파업 참여, 기후위기 정책 제안 등 다양한 활동을 하고 있다.

코림　　지난 6월부터 '후보 없는 대선 캠프'를 만들어 대선 이슈를 팔로우하고, 시민들과 함께 대선 후보들에게 기후위기에 대응하는 정치를 요구하고 있다. 또 청소년기후행동이 만들고 있는 기후시민의회 같은 시민공론장에서 나온 의제들을 가지고 기후위기 해결에 왜 정치가 필요한지, 우리 삶과 연결시키는 작업도 하고 있다. 지난 6월, 대선 예비 후보들이 등장하던 시점에 기후위기에 맞서 싸우는 정치가 매우 중요하다는 생각이 들었다. 누가 기후위기를 악화시키는 결정을 하는지, 누가 기후위기에 대처하는 정치 비전을 가지고 있는지 시민들과 함께 명확하게 판단하고 비판하고 요구해야 한다는 생각으로 활동을 시작했다.

현재 정부는 '2050 탄소중립'을 목표로 온실가스 감축을 어떻게 이룰지 시나리오를 만들고 있다. 기후위기에 가장 많은 영향을 받는 당사자들의 목소리를 담기 위해 지난 9월 24일 글로벌기후파업 때 기후시민의회를 제안했다. 지금과 같은 정부 정책에선 기후위기 앞에 위기감을 느끼고 있는 당사자들의 목소리가 배제될 수밖에 없다. 논의 구조와 논의 결과 자체가 잘못되었다고 문제제기를 하고, 새로운 논의 테이블을 구성해서 더 들어야 하는 이들의 목소리를 담고 싶었다. 시민의회를 제안하고 나서 함께하고 싶다고 연락을 준 시민들이 많다. 시민기획단을 꾸려 함께 온라인 공론장을 만들 예정이다. 내년까지 다수의 온·오프라인 공론장을 통해 당사자의 목소리를 반영하고자 한다. 대선과 정부 정책을 만드는 과정에 영향을 끼치는 창구 역할을 하고 싶다.

모두의 기후정치 캠페인의 대표적 활동을 소개한다면?

벼리   기후위기 대응에 어떤 정치가 필요한지 이야기할 시민들을 '기후정치 크루'라는 이름으로 모집했다. 현 대통령과 다음 대통령의 임기를 합치면 6년 정도의 시간이 있는데 사실상 이 시간은 기후위기가 악화되는 상황을 막을 수 있는 마지막 기회라고 불리는 시간과도 겹친다. 다음 대통령은 기후위기 속에 살아가는 사람들의 삶을 대변하는 결정을 해야만 한다. 시민들의 의견을 모아서 만든 정책 질의서와 제안서를 대선 후보들에게 전달했다. 기후위기 관련해 지금 정치계에선 어떤 대응을 하는지, 어떤 비전을 갖고 있는지 시민들과 공유하기 위해 자료를 아카이빙해서 공개하는 창구도 새로 만들고 있다.

글로벌기후파업 때 시민의회 제안을 하면서 "추첨이 되지 않아도, 전문성이 없어도 기후위기 앞에 절박함을 느끼는 사람이라면 누구나 발언할 수 있는 새로운 장을 만들고 싶다"는 선언이 인상적이었다. 그런 생각을 하게 된 계기가 궁금하다.

코림　　청소년기후행동으로 함께 모여 기후위기 문제를 다룬 지 3년이 되어간다. 정책 결정권자들에게 직접 메시지를 전하고 싶어서 피켓 시위를 하거나 면담 요청을 하는 등 액션 캠페인을 많이 했다. 기후위기와 관련한 정책 논의 테이블은 전문성이 있거나, 자본의 권력을 가지고 있는 소수로만 구성되었다. 평범한 시민들은 전문성이 없다는 이유로 논의 테이블에 앉지도 못했고, 어리다는 이유로 청소년, 청년들의 목소리도 반영된 적이 없었다. 그러다가 지난해 '2050 탄소중립' 선언 이후 결성된 '탄소중립위원회'에 한 명이 참여할 수 있는 기회가 생겨서 우리 단체 활동가가 들어갔다.

거리에서 외치는 데 한계를 느꼈기 때문에 논의 테이블에 앉을 수 있는 기회 자체가 우리에겐 무척 중요했다. 하지만 위원회에 참여할수록 논의 구조가 민주적이지 않다고 느꼈다. 또한 정책 논의 전제 자체가 잘못됐다는 생각이 들었다. 시나리오의 방향도 이미 어느 정도 정해져 있어서 의견만 개진할 수 있는 상황이었다. 그 정해진 방향은 '현재의 사회 시스템을 건드리지 않는 것'이다.

정부는 지금까지 온실가스를 막대하게 배출하며 성장한 자본의 구조를 어떻게든 유지하면서 기후위기에 대응하려고 한다. 불확실한 신기술을 내세우면서 당장의 기후위기 대응을 미루는 건, 문제를 정말 해결하려는 게 아니라 '하는 척' 하는 거라고 여길 수밖에 없다. 사실상 기후위기 해결에 석탄발전소가 존재하는 건 말이 안 된다. 석탄발전소를 없애려는 계획, 그에 따른 전환 계획을 마련해야 온실가스도 줄이고 그곳에서 일하는 사람들을 위한 계획도 세울 수 있는데, 이 부분은 건드리지 않고 참여 기회를 고루 주겠다며 우리를 논의 테이블에 앉힌 건 정부의 '그린워싱'으로밖에 볼 수 없다.

위원회 활동을 하면서 기후위기에 더 취약한 사람들이 이 논의 구조와 결과에 아예 포함될 수 없는 구조라는 사실도 알게 됐다. 기후위기를 인식하고 변화를 요구하는 데는 자격이 필요하지 않다. 위기를 직면한 누구나 당사자이자 주체이므로, 이들의 삶이 함부로 배제되는 걸 막아야 한다는 문제의식이 컸다.

기후시민의회를 기획하고 실천하기까지 참고한 선례가 있는지?

벼리　　다른 나라의 사례는 거의 정부가 주도해서 만든 시민의회였고 시민들이 만든 의회는 찾기 어려웠다. 당연히 국내에서도 첫 시도였기 때문에 시민의회를 구축하는 과정에서 어려움이 컸다. 시민의회를 제안했을 당시, 정부에서 온실가스 감축 목표나 탄소중립 같은 기후위기 대응 관련한 주요 정책들을 발표하고 있었기 때문에 다른 곳에 도움을 받기도 빠듯한 상황이었다. 하나하나 맨땅에 헤딩해 만들어가면서 고민도 많았고 그만큼 논의도 길었다. 앞으로 농민, 노동자 등 다양한 당사자성을 가진 구성원이 들어와서 목소리를 높이는 게 중요하다고 생각한다.

기후시민의회의 공론장은 어떻게 꾸려갈 예정인가? 다양한 구성원의 목소리를 어떻게 모을 예정인지도 궁금하다.

코림   홈페이지를 통해 다양한 방식으로 이야기할 수 있는 장을 만들고 있다. 한편으로는 이 공론장에 온라인 접속이 가능한 사람들의 이야기만 담기지 않도록 다른 장치를 마련해야 한다는 문제의식도 있다. 어떤 사람에게는 온라인이 쉽게 접근할 수 있는 통로가 아닐 수도 있지 않은가. 현장에 가서 설문조사를 하는 것도 하나의 방법인데, 그러자면 사람이 많이 필요해서 여러 고민을 하고 있다.

글래스고에서 열린 유엔 기후변화협약 당사국총회(COP26)에 한국도 참여했다. 청소년기후행동에서는 국가온실가스 감축 목표를 (2018년 대비) 70%로 제안했지만, 한국 정부는 40%로 잡았다. 숫자만 봐도 기후위기에 대한 절박함이 다르다는 생각이 드는데, 활동을 하면서 어떤 부분이 가장 힘든가?

벼리   기후위기를 대하는 온도 차이 때문에 괴리감을 느낄 때가 많다. 지금의 정부는 말로만 온실가스 감축을 앞세우면서 구체적인 로드맵 없이 진행하고 있다는 게 너무나 확연히 보인다. 기후위기 대응 정책을 간절하게 기다리는 우리 입장에선 답답하지만, 절박하니까 계속 매달릴 수밖에 없다.

코림 '이런다고 뭐가 바뀌긴 할까' 무력함이 느껴지기도 하고, '내가 좀 더 잘했으면 무언가 달라졌을까' 하는 답답한 상태가 반복되고 있다. 정부는 기후위기가 심각해지는 상황 속에서 가장 많은 피해를 입는 건 기업이라면서 더 과감한 온실가스 감축 목표를 설정하면 사회적 충격을 견디지 못할 거라고 이야기한다. 그러나 상위 10%의 부자가 50% 이상의 온실가스를 배출하고 있다는 결과가 있다. 우리나라 상위 11개 대기업에서 64%의 온실가스를 배출했다는 거다. 그렇기 때문에 온실가스 감축은 결국 정부 정책으로 해결할 수밖에 없다.

지금 당장 기후위기를 막지 못한다면, 특정 자본의 이익을 넘어서 사회나 경제 자체가 붕괴될지도 모른다. 국민들은 힘이 없을수록 더 빠르게 삶터를 잃거나 생계가 흔들릴 거다. 이런 상황에서 도대체 정부는 이 문제를 누구의 위기로 바라보고 있는 걸까 싶다. 기업이 살아야 나라도 산다고 말하는 사람들이 있다. 기업이 온실가스를 줄이고 석탄발전소를 폐기하는 데서 손실이 생겨도 정부가 지원을 할 게 뻔한데, 여전히 특정 자본의 이익이나 지금의 시스템을 포기하지 못하겠다는 고집은 결국 더 큰 위기를 가져온다는 걸 강조하고 싶다.

기후위기 관련 정책에 대한 대선 캠페인과 시민의회를 통해 이루고 싶은 목표가 무엇인가?

벼리　기후위기 관련한 과학 보고서나 IPCC 보고서 같은 경우, 어려운 용어가 많다. 기후위기가 얼마나 심각한지, 이 문제와 내 삶이 어떻게 연결되어 있는지, 어떤 해결책이 있는지 일반 사람들이 이해하기 쉽지 않다. 어려운 보고서를 일반 언어로 풀어서 모두가 접근할 수 있도록 하고 싶다. 뉴스레터와 홈페이지 게시글을 통해 기후위기의 중요한 정보를 알리는 활동 역시 캠페인의 일환으로 진행하고 있다.

코림　많은 사람들이 기후위기가 심각하다는 건 알고 있지만, 지금 결정되고 있는 정책들이 실제로 기후위기를 막을 수 있는 수준인지, 정책이 실현됐을 때 우리는 안전할 수 있는지 이런 사실관계를 알기 어렵다. 일단 대선 국면이기 때문에 후보들이 기후위기에 어떻게 맞서고 있고, 어떤 비전을 보여주고 있는지 대중이 쉽게 파악할 수 있도록 기후위기 관련 '문해력'을 만들어가는 게 기본 목표다. 단지 이 문제를 알리는 것을 넘어 실제로 변화를 끌어내리려면 해결을 요구하는 당사자들이 많아야 한다. 당장은 온실가스 감축 비율 상향이라는 목표가 있지만, 앞으로도 실효성 있는 대안과 비전을 만들어가야 하는 게 내부의 목표라고 할 수 있다.

기후위기를 걱정하는 시민들이 참여할 수 있는 방법이 있다면?

코림　근본적인 해결의 방향으로 나아가려면 역시 일상 속에서 정치적 행동을 해야 한다고 생각한다. 다양한 위치의 당사자로서 목소리를 내는 것이 중요하다. 기후위기가 단지 운 나쁜 몇 명에게만 영향을 주는 게 아니라는 걸 인식해야 한다. 우리의 일상을 지속하기 위해서 이 위기 상황을 외면하지 않는 것이 우선 개인이 할 수 있는 실천의 시작일 것이다.

벼리　지금은 일회용품을 줄이는 등의 개인 실천만으로는 기후위기를 막을 수 없는 단계라는 게 너무나 명백하다. 더 많은 이들이 사회적 발언과 행동으로 자신의 입장을 표명하면 좋겠다. 집회에 참석해 목소리를 높이거나 그게 어려우면 온라인에서 기후위기에 관한 정보를 공유하는 사람이 늘어가는 것만으로도 변화의 시작이라는 생각이 든다. 시민들의 문제의식이 정책에 반영되는 게 중요하기 때문에, 내년 대선에 출마할 후보가 기후위기에 대해 어떤 문제의식을 갖고 있는지, 어떤 공약을 내세우고 있는지 꼼꼼히 들여다보는 것도 중요하다.

(vol. 138, 2021. 11-12)

학교 안의 기후위기 교육
다시 보기

세 가지 키워드

우리나라에서 '기후위기 교육'이라는 용어는 최근에 등장했다. 이 용어의 적절성부터 교육이 과연 기후위기를 극복하는 데 어떤 기여를 할 수 있을지 많은 생각을 하게 된다. 기후위기 교육의 맥락을 이해하기 위해서는 최소한 세 가지 키워드를 살펴보아야 한다. 지구온난화 1.5℃ 특별보고서, 그레타 툰베리, 그리고 코로나 팬데믹이 그것이다.

윤상혁 _ 서울시교육청에서 미래교육기획 장학사로 근무하고 있다. 『기후위기 시대의 환경교육: 세 학교 이야기』(공저)를 썼다.

지구온난화 1.5℃ 특별보고서

2018년 10월 인천에서 열린 48차 기후변화에 관한 정부간 협의체(IPCC) 총회에서 「지구온난화 1.5℃ 특별보고서」가 회원국들의 합의로 채택되었다. 핵심은 지구 평균온도 상승을 1.5℃ 이내로 억제하기 위해 2030년까지 이산화탄소 배출량을 2010년 대비 최소 45퍼센트 이상 감축하고, 2050년까지 탄소중립을 달성해야 한다는 것이다. 2020년 10월 28일 문재인 대통령의 '2050 탄소중립 선언'과 2021년 9월 24일 탄소중립 · 녹색성장 기본법 제정, 10월 18일 탄소중립위원회의 '2050 탄소중립 시나리오' 발표는 모두 이 보고서에 근거한 후속 조치들이다.

그레타 툰베리

특별보고서가 발표될 즈음, 기후변화의 심각성을 느낀 스웨덴의 한 청소년이 매주 금요일 등교를 거부하고 국회의사당 앞에서 '기후를 위한 파업' 피켓을 들기 시작한다. 그의 이름은 그레타 툰베리. 자신의 시위 모습을 담은 툰베리의 트위터는 말 그대로 나비효과를 불러일으켜, 전 세계의 청소년들이 그녀의 기후행동에 공감하고 동조하기 시작했다. 10년 전 스마트폰으로 무장한 아랍의 젊은이들이 기성세대의 낡고 부패한 체제를 몰아내고 '아랍의 봄'을 불러왔듯 전 세계의 청소년들이 "미래가 없는데 왜 미래를 위해 공부해야 하나요?"라고 묻기 시작했다. '기후세대'의

등장이다. 우리나라 청소년들도 이 물결에 합류한다. '청소년기후행동'이 탄생하여, 2019년부터 기후파업을 조직하고 2020년 3월 "기후위기 방관은 위헌"이라며 정부와 국회를 상대로 헌법소송을 제기한다. 이것은 후에 서울시교육청의 '생태전환교육 중장기 발전계획' 수립과 전국시도교육감협의회의 '기후위기·환경재난시대, 학교환경교육 비상선언'으로 이어지게 된다.

코로나 팬데믹

기후변화를 기후위기로 인식하게 된 결정적인 계기는 2019년에 발발한 신종 코로나 바이러스의 세계적 유행이다. 인류의 서식지 확장을 위한 무분별한 자연훼손은 인간과 자연의 거리두기 실패, 즉 '밀접 접촉'을 유발했고, 이는 언제든 치명적인 파국으로 치달을 수 있음을 전 세계가 목격했다. 그동안 수많은 과학자들과 환경운동가들이 경고한 기후변화 현상을 드디어 실감하기 시작한 것이다.

코로나 팬데믹 이후의 교육

2020년 3월 세계보건기구에서 코로나 팬데믹을 선언하고 모든 학교 수업이 비대면 원격수업으로 전환되면서 학교 무용론이 등장했지만, 팬데믹이 길어지자 이런 목소리들은 금세 잦아들었다. 우리가 아이들의 삶에서 얼마나 다양한 부분을 학교에 의지해왔는지 여실히 드러났기 때문이다.

그렇다면 코로나 팬데믹 이후의 교육은 어떤 점에서 코로나 이전과 근본적으로 다를까? 아니 달라야 하는 것일까? 앞서 언급했듯이 인류가 기후위기라는 인식에 도달하게 된 세 가지 계기 속에서 해답의 실마리를 찾아보고자 한다. 첫 번째는 (기후) 시스템에 대해 인식하고 지구적으로 사유하기, 두 번째는 학생의 행위주체성과 변혁적 역량 함양하기, 그리고 마지막으로 민주시민-세계시민-생태시민으로 이어지는 시민성을 확장하기이다.

시스템 인식과 지구적 사유

지금은 지구 생태계가 거대한 기계가 아니라 서로 연결되어 영향을 주고받는 '유기체'라는 시스템적 사고가 필요한 때다. 대기, 육상 생태계, 해양 생태계의 모든 영역들이 서로 연결되어 있어서 한 영역에서 문제가 발생하면 다른 영역에서 이를 보완하기 위해 애쓴다. 전체는 부분의 총합보다 크다, 이것이 시스템 사고다. 우리가 살아가는 지구는 기권, 지권, 수권으로 이루어진 매우 얇고 취약한 생명의 막이다.

시스템이라는 것은 회복탄력성과 밀접한 관련이 있다. 어느 순간까지는 함께 고통을 감수하며 시스템을 유지하고자 애쓰지만 티핑 포인트tipping point를 넘길 경우 '찜통 지구'라는 전혀 다른 시스템으로 전환되어버린다.1 '지구온난화 1.5℃.' 그것이 티핑 포인트이다. 지구는 멸망하지 않는다. 단지 시스템을 바꿀 뿐이다. 그러나 지구가 인류를 새로운 시스템의 일원으로 계속 받아들여 줄지는 미지수다.

얼마 전 공개된 2022 개정 환경 교육과정 시안에는 다음과 같은 내용이 적시되어 있다. "기후변화가 전 지구적으로 발생하고 있으며, 지구 생태계와 인간 활동에 중대한 영향을 준다." "기후위기는 인간 활동이 초래하였으며, 그 영향과 피해는 지역과 집단에 따라 다르게 나타난다." "기후위기 극복을 위해서는 사회전 분야에서 기후행동을 계획하고 이행해야 한다."

이런 아이디어를 교육과정으로 구현하고 있는 학교가 있다. 탄소중립 중점학교인 울산 옥서초등학교는 기후위기 교육에서 가장 중요한 것이 '참여와 행동'이라는 인식 속에서 학년별로 생태전환 교육과정을 꾸리고 있다. 학생들은 학교 숲을 탐험하고, 고기 없는 식사를 하며, 바다 오염으로 멸종위기에 처한 울산 고래에 대해 배운다. 또한 가정과 연계하여 에너지 절약을 실천하고, 국립공원의 깃대종을 조사하며, 어린이 도시농부가 되어보기도 한다. 이러한 교육과정은 '지구적으로 생각하고 지역적으로 행동하는' 시스템적 사고와 기후위기 대응을 위해 행동하고 참여하는 시민을 양성한다는 교육철학을 바탕으로 하고 있다.

기후위기에 대한 인식이 본격화되기 전부터 실천해온 사례도

여럿 있다. 서울 국사봉중학교는 관 주도가 아닌 마을교육공동체와 협력해 생태전환교육을 운영하고 있는 드문 경우다. 2011년 후쿠시마 원전 사고를 계기로 에너지 절약과 재생에너지로의 전환을 실천하고 있는 '성대골에너지전환마을'은 국사봉중학교의 든든한 협력자가 되어주고 있다. 절전소를 시작으로 에너지축제, 에너지협동조합, 마을기업 등을 운영하고, 미니태양광 DIY 제품까지 직접 개발하고 있는 '성대골사람들'의 지원 속에서 국사봉중학교는 학교협동조합을 창립해 마을과 연계한 에너지 자립율 100퍼센트를 꿈꾸는 '햇빛학교' 프로젝트를 추진하고 있다.

학교 교육과정 전반에 이러한 핵심 아이디어가 적용될 필요가 있다. 학생들은 배움이 이루어지는 학교 공간에서 '시스템'의 실체를 경험함으로써 우리 각자가 서로에게 영향을 끼치는 시스템의 일부임을 인식할 수 있어야 한다. 태양과 바람과 물의 순환 속에서 씨앗이 자라나듯이 학교 역시 서로의 연결 속에서 생태적 지혜의 순환이 이루어지는 장소가 되어야 한다.

행위주체성과 변혁적 역량

2018년 OECD는 「OECD 교육 2030: 미래교육과 역량」 보고서에서 모든 학습자가 전인적 인간으로 성장하고, 각자의 잠재력을 최대한 발휘하며, 개인과 공동체, 지구의 안녕(well-being)에 기초한 공동의 미래를 위해 노력할 수 있도록 하는 것이 교육의 역할이라고 밝힌 바 있다. 특히 이 보고서에는 '학생의 행위주체성 Student agency'과 '변혁적 역량'이라는 개념을 소개하고 있다.

'학생의 행위주체성'이란 세계에 참여하고 이를 통해 보다 나은 세계를 위해 사람들과 사건, 상황에 영향을 미치고 있다는 책임감을 스스로 의식하는 것을 의미한다. 여기서 '참여'는 학습의 사회역동적 차원과 관련이 있다. 즉, 지식이 생산되는 집단적 과정을 포함한 다양한 사회적 역동성 속에 참여함으로써 그 안에서 개인의 학습이 이루어지는 것이다.

또한 '의식'은 학습의 문화적 차원과 관련이 있다. 특히 사람들의 기존 행동 패턴 속에 스며 있는 특권화와 편파성을 담지한 문화적 차원을 간파하는 일은 학습의 중요한 과정이 된다.2 책임감을 의식한다는 것은 '누군가에게 주어지는 특권이 다른 누군가에게는 차별이 된다는 사실'을 깨닫는 것이다. 나아가 지구 생태계에서 인간이라는 종이 누려온 특권을 인식하고 내면화된 편파성을 교육을 통해 깨뜨리는 것을 의미한다.

삶이란 살아 있는 것들 사이의 관계 속에서 생성되며, 앎이란 상황적 행동/존재(situated doing/being)와 연관된다. 따라서 교육은 단편적 지식 습득을 넘어 학습한 내용을 삶의 맥락에서 비판적으로 해석하고 공동체의 갈등을 조정하며 미래사회에 필요한 새로운 가치를 창조해내는 역량을 기르는 일이 되어야 한다. 이것이 곧 '새로운 가치 창조하기' '갈등과 딜레마 조정하기' 그리고 '책임감 갖기'로 범주화된 '변혁적 역량'이다. 이 역량을 통해 청소년들은 새로운 가치를 창조하며 난관을 극복하는 책임감 있는 삶의 주체가 될 수 있다.

시민성의 확장

팬데믹은 그리스어 '판Pan'과 '데모스Demos'의 합성어다. '판'은 고대 그리스 신화에 나오는 자연의 신이지만 사람과 사랑을 나눠 반신반인이다. 자연을 넘어 문명의 세계를 침범한 신, 그래서 '모두everyone'라는 의미를 가진다. 데모스는 정치에 참여할 수 있는 권한을 가진 시민, 특히 혈족이 아니라 지역을 대표하는 시민이다. 코로나 팬데믹은 민주주의의 중요성을 인식시키고, 서구 백인들의 우월의식을 무너트렸다. 서구 근대에 발명된 민주주의가 신종 코로나 바이러스 앞에서 그 기능을 멈춘 것이다.

시민성은 기본적으로 '존엄'에 대한 사유다. 따라서 시민성의 확장은 존엄의 확장이라는 의미다. 근대 교육 체제는 인간이라는 종 그중에서도 '백인 남성'을 불평등한 세계의 최상위층에 위치시키고 비非백인, 비非남성, 어린이, 장애인, 그리고 인간이 아닌 모든 존재들을 착취의 대상으로 전락시켰다. 인간을 피부색, 성별, 나이, 정상성, 지능 등에 따라 계급화시키는 근대 교육 체제의 기본전제에 대한 성찰과 전환의 사유 없이는 어떤 기후위기 교육도 공허한 외침이 될 것이다.

기후위기를 넘어선 기후위기 교육

2021년 9월 교육기본법이 개정되었다. 제22조 2항(기후변화 환경교육)에 "국가와 지자체는 모든 국민이 기후변화 등에 대응하기 위해 생태전환 교육을 받을 수 있도록 필요한 시책을 수립 실시해야 한다"고 명시했다. 기후위기 교육이란 무엇인가? 그것은 '기후위기'를 가르치는 것을 넘어 기후위기를 야기한 근대 교육체제에 대한 성찰 속에서 교육을 생태적으로 전환하는 것을 의미한다.

우리는 '빌린 행성'을 잠시 여행하는 히치하이커들이다. 선조들이 우리에게 자리를 내어주었듯 우리 역시 아이들에게 자리를 내어주어야 한다. 교육을 통해 개인과 사회에서 소비되는 자원의 생산량과 폐기량을 최소화하면서도 자기실현의 수준과 삶의 질을 높일 수 있는 '생태문명'을 지향하는 인간, 즉 '생태시민'을 기를 수 있을까? 이를 위해서는 생태문명의 중심으로서 학교의 역할 변화와 교육시스템의 생태적 전환이 필요하다. 그것은 앞서 언급한 '시스템에 대한 인식'과 '지구적 사유' 그리고 '학생의 행위주체성과 변혁적 역량의 함양' 속에서 가능할 것이다.

(vol. 141, 2022. 5-6)

교육을 다른 눈으로 보게 하는 책들

아이는 당신과 함께 자란다 　이철국 씀 | 12,000원

흔들리는 부모와 교사들에게 한 교육자가 들려주는 이야기. 공립학교, 특성화학교, 공동육아어린이집, 초중등 대안학교 등 다양한 교육 현장에서 40년을 보낸 저자가 아이와 교육에 대해 몸으로 터득한 평생의 지혜를 조곤조곤 풀어낸다. 흔들리지 않는 지혜가 아니라 흔들림과 함께 살아가는 지혜를.

변방의 아이들 　성태숙 씀 | 14,000원

서울 구로동에 자리한 파랑새나눔터지역아동센터에서 이십여 년 동안 아이들을 만나온 저자가, 어디에도 마음 붙일 곳 없는 아이들을 보듬으며 온몸으로 써내려간 기록. 마을이 아이를 키운다는 것이 도시에서도 가능함을 보여주는 이 이야기는 아이들을 만나는 모든 이들에게 깊은 울림을 전해준다.

두려움과 배움은 함께 춤출 수 없다 　크리스 메르코글리아노 씀 | 공양희 옮김 | 13,000원

마을 속 학교인 알바니 프리스쿨에서 40여 년 동안 아이들을 만나온 저자는 아이들이 어떻게 성장하는지, 어른들은 어떤 도움을 줄 수 있는지 생생한 일화를 통해 흥미진진하게 들려준다. 두려움에 짓눌리지 않고 자기를 창조할 수 있는 힘을 어떻게 기를 수 있는지, 진정한 배움의 공동체는 어떻게 가능한지를 이야기한다.

마을육아 　권연순 외 10인 씀 | 14,000원

도시에서 독박육아로 힘들어하는 부모들에게 대안을 제시한다. 아이 때문에 고립되는 것이 아니라, 아이 덕분에 좋은 친구와 이웃들을 만나 삶이 더 풍요로워진 사람들의 생생한 경험담이 담겨 있다. 도시를 떠나지 않고도 대안을 찾은 이들의 이야기를 통해 육아의 대안을 넘어 삶의 대안까지도 엿볼 수 있다.

경쟁에 반대한다 　알피 콘 씀 | 이영노 옮김 | 17,000원

경쟁이 패자는 물론 승자에게도 해롭다는 것, 생산성에도 오히려 나쁜 영향을 미친다는 걸 다양한 사례와 연구를 통해 증명한다. 특히 학교에서 아이들을 경쟁시키는 성적등급제도, 포상제도들이 아이들을 어떻게 망치는지에 대해 다시 한 번 성찰할 기회를 준다. 그리고 학교에서 벌어지는 구조적인 경쟁의 대안으로서 협력학습을 제안한다.

스스로 서서 서로를 살리는 교육   현병호 씀 | 13,000원

초연결사회가 될 미래사회에서 가장 중요한 역량은 소통 능력일 것이다. 이 책은 교사와 학생의 사이, 학생들의 사이, 세상과 아이들의 사이에서 활발한 상호작용이 일어날 수 있는 교육환경을 만드는 방안을 이야기한다. 그리고 표준화 교육을 넘어서 개별화 교육을 지향할 때 놓쳐서는 안 되는 지점을 짚는다.

아이들을 망친다는 말에 겁먹지 마세요   알피 콘 씀 | 오필선 옮김 | 15,000원

젊어 고생은 사서도 한다? 실패는 성공의 어머니? 이런 격언 뒤에 숨은 보수적인 교육관과 아이를 길들이고 통제하려는 의도를 파헤친다. 흔히 너그러운 양육 방식이 아이들을 버릇없고 나약하게 만들어 험한 세상에 적응하지 못하게 만든다는 주장을 비판하며 훈육을 부추기는 육아서와 근성을 강조하는 자기계발서의 허구를 파헤친다.

건강 신드롬   칼 세데르스트룀 외 씀 | 조응주 옮김 | 12,000원

현대 문명 사회에서 일반화되어 있는 웰니스 현상이 어떻게 하나의 이데올로기가 되어 사람들로 하여금 자신을 상품성 높은 존재로 만들어 가도록 부추기는지 다양한 관점에서 분석한다. 병든 세상에서 홀로 건강과 행복을 추구하는 세태의 어리석음을 우회적으로 비판하면서 삶의 진면목을 마주할 수 있도록 돕는다.

이 아이들이 정말 ADHD일까   김경림 씀 | 14,000원

ADHD는 개인의 주의력 결핍, 과잉행동의 문제가 아니라 우리 사회의 인간에 대한 이해 결핍, 과잉 불안이 빚어낸 문제임을 밝힌다. 약물치료를 하지 않고 아이가 어떻게 안정감을 회복할 수 있는지 자신의 경험을 통해 생생하게 들려주는 이 책은 교사나 의사의 입장과 부모의 입장이 어떻게 다른지, 왜 달라야만 하는지를 말해준다.

하류지향   우치다 타츠루 씀 | 김경옥 옮김 | 14,000원

배움을 흥정하는 아이들. 성장을 거부하는 세대에 대한 깊은 통찰을 담고 있다. 아이들이 공부와 일로부터 도피하는 현상을 분석하며 글로벌 자본주의가 부추기는 개성을 살리는 교육의 이면과 자기 찾기라는 이데올로기에 숨어 있는 함정을 들여다보게 하고 진보주의 교육이 추구하는 가치들을 되짚어보게 한다.

스스로 서서 서로를 살리는 교육으로 가는
길가에 핀 '민들레'를 만나보세요.

정기구독 신청

교육=학교교육이라는
통념을 깨고

삶이 곧 배움이 되는 새로운
교육문화를 만들어갑니다.
가르침과 배움의 경계를 허물고
함께 배우고 성장하고자 하는
이들이 손을 잡을 수 있게 돕습니다.
자기가 선 곳에서 교육을 바꾸어가는
부모와 교사, 학생들이
전국 70여 군데에서 활발히
독자모임을 이어가고 있습니다.

구독 안내

낱권 11,000원
일 년 구독료 66,000원

10명 이상 함께 신청하시면
구독료를 10% 할인해 드립니다.

정기구독을 하시면 민들레에서 펴낸 책
구입 시 10% 할인해 드립니다.

교사라는 울타리를
넘어

격월간 『민들레』는 '교사의 시선'에
머물러 있던 저에게 부모와 육아,
대안학교와 청년들의 문제까지
넘나들며 여러 사람들의 관점을
연결해주었습니다. 그리고
희망이라곤 찾을 수 없었던
'교육' 속에 생기를 불어넣으며
새로운 싹을 틔우는
사람들 소식을 전해주었습니다.
우리는 누군가에게 닿아야 살아갈 수
있습니다. 삶의 기척을 알아채고
서로에게 기대면서 말이지요. 저는
그 벗으로 『민들레』를 선택했습니다.

_ 전 초등학교 교사 양영희

 02) 322-1603 | www.mindle.org
mindle1603@gmail.com